Oportunidades e Investimentos em

TURISMO

Oportunidades e Investimentos em TURISMO

MARIA HENRIQUETA SPERANDIO G. GIMENES

Organizadora

Bacharel em Turismo pela Universidade Federal do Paraná. Especialista em Planejamento e Gestão do Turismo. Mestranda, em fase de conclusão, em Sociologia das Organizações. Professora do Curso de Turismo da Universidade Federal do Paraná. Coordenadora de Projetos de Qualificação Profissional para o Turismo e Vice-chefe do Departamento de Turismo da Universidade Federal do Paraná.

ROCA

ISBN: 85-7241-454-1

CIP-BRASIL. CATALOGAÇÃO NA FONTE
SINDICATO NACIONAL DOS EDITORES DE LIVROS, RJ

O69

Oportunidades e investimentos em turismo / Maria Henriqueta Sperandio G. Gimenes, organizadora. – São Paulo : Roca, 2003

Trabalhos técnico-científicos apresentados no Congresso Brasileiro de Turismo 2002, realizado na cidade de Foz do Iguaçu (PR), de 14 a 18 de maio de 2000
Inclui bibliografia
ISBN 85-7241-454-1

1. Turismo – Comercialização. 2. Turismo – Investimentos. I. Gimenes, Maria Henriqueta Sperandio G.

03-0555.

CDD 380.1459104
CDU 338.48.027

2003

EDITORA ROCA LTDA.
Rua Dr. Cesário Mota Jr., 73
CEP 01221-020 – São Paulo – SP
Tel.: (11) 3331-4478 – Fax: (11) 3331-8653
E-mail: edroca@uol.com.br – www.editoraroca.com.br

Impresso no Brasil
Printed in Brazil

Índice

Prefácio

A atividade turística vem se desenvolvendo com bastante ênfase nas últimas décadas, promovendo mudanças em diversos setores da sociedade e consolidando-se como uma estratégia viável e inteligente de desenvolvimento.

A análise dos efeitos desse desenvolvimento, tanto ao que se refere às comunidades receptoras quanto aos núcleos emissivos, tem ganhado destaque inclusive no sentido de fomentar iniciativas de planejamento e atuação no setor.

Neste sentido, evidencia-se a importância desta iniciativa da ABBTUR (Associação Brasileira de Bacharéis em Turismo) Nacional e da Editora Roca em apresentar os trabalhos técnico-científicos do Congresso Brasileiro de Turismo 2002, realizado na cidade de Foz do Iguaçu (PR).

Tendo como tema central *Turismo: Gestão e Oportunidades*, a 22ª edição deste evento contou com três subtemas paralelos: *Planejamento e Gestão de Organizações de Turismo*, *Oportunidades e Investimentos em Turismo* e *Segmentos do Mercado Turístico* versus *Perfil do Profissional "de Futuro"*.

Nesta publicação, que tem como objetivo a reunião das contribuições de escritores e pesquisadores envolvidos com a pesquisa em Turismo, constam dezoito textos que abordam questões relacionadas às oportunidades e investimentos em turismo, agrupados conforme suas respectivas abordagens.

Constituindo uma importante fonte de consulta para profissionais da área, assim como para os estudantes e demais interessados em se aprimorar e ampliar conhecimentos, esta publicação contribui para a discussão e análise da atividade turística em seus aspectos acadêmicos e práticos.

GILMAR CARLOS DA SILVA
Vice-presidente da Associação Brasileira de Bacharéis em Turismo (Região Sul)

Apresentação

Maria Henriqueta Sperandio G. Gimenes

O turismo, fenômeno intimamente marcado pela multidisciplinaridade, caracteriza-se como uma atividade socioeconômica e cultural mundialmente reconhecida como instrumento de desenvolvimento social. A sociedade brasileira, voltando seus olhos para o potencial turístico de nosso país - baseado em riquezas paisagísticas e culturais tão diversas e tão intensas -, tem dedicado especial atenção ao turismo.

Tomando-o enquanto opção viável para o desenvolvimento sustentável da nação, diversos setores têm fomentado discussões e debates sobre o tema, buscando uma maior compreensão em relação à natureza e especificidades da atividade turística, bem como buscando vislumbrar as oportunidades que ela representa e ainda consolidar políticas e estratégias de planejamento coerentes para o setor.

Desta forma, inicialmente objeto de atenção em apenas alguns redutos acadêmicos, o turismo tem invadido as mais diversas mídias, estando agora presente nas estratégias dos empresários e investidores e compondo o rol de preocupações e decisões de diversos órgãos públicos de gestão, além de estar cativando de forma expressiva inúmeros estudiosos e especialistas, que passaram a se dedicar à sua causa.

A produção científica desenvolvida na área de Turismo tem buscado uma melhor compreensão deste complexo fenômeno, lançando grandes contribuições de ordem prática e teórica e, graças ao acúmulo de conhecimento, colaborando inclusive para o embasamento de outras pesquisas, auxiliando a todos que desejam trabalhar para o desenvolvimento qualificado da atividade.

Neste sentido, evidencia-se a importância de propostas como o CBTUR (Congresso Brasileiro de Turismo), uma iniciativa da ABBTUR Nacional (Associação Brasileira de Bacharéis em Turismo) enquanto espaço para debates e intercâmbios, reunindo anualmente turismólogos, bacharéis em Turismo, estudantes, professores e profissionais de áreas afins na grande tarefa de discutir e vislumbrar o futuro da atividade turística em nosso país.

Em sua 22ª edição, realizada em maio de 2002 em Foz do Iguaçu (PR), o congresso teve como tema principal *Turismo: Gestão e Oportunidades*. Dada a amplitude deste tema, foram trabalhados três subtemas paralelos: *Planejamento e Gestão de Organizações de Turismo*, *Oportunidades e Investimentos em Turismo* e *Segmentos do Mercado Turístico* versus *Perfil do Profissional "de Futuro"*.

Esta publicação, que versa sobre *Oportunidades e Investimentos em Turismo*, reúne dezoito artigos aprovados e apresentados durante o último CBTUR e que discutem as perspectivas para a atividade turística tendo como base de análise o contexto socioeconômico e cultural em que vivemos. Neste sentido, as contribuições dos autores serão apresentadas conforme temáticas correlatas, compondo as seis partes que integram este livro.

Inicialmente, apresentam-se os textos destinados às reflexões sobre as tendências e oportunidades ligadas à atividade turística na atualidade. Desta forma, apresenta-se o texto *O Imaginário e as Oportunidades do Turismo na Pós-Modernidade*, de Luis Henrique Brunelli. Partindo do contexto da sociedade pós-moderna, o autor aborda a importância da identificação do imaginário do turista através de símbolos que possam representar um determinado atrativo turístico, buscando enfatizar o estudo do imaginário como instrumento para a criação de oportunidades e ferramenta para o planejamento turístico.

A segunda contribuição que integra esta parte, intitulada *Turismo Alternativo, um Retorno às Origens*, de Anderson do Rego e Nilton Henrique Peccioli Filho, preocupa-se com a qualidade da experiência vivida pelo turista, versando sobre o deslocamento turístico como forma de retorno às origens e dando ênfase à necessidade da manutenção da autenticidade da paisagem como forma de garantir-se a qualidade da experiência turística e as características da realidade do local.

Em *Gestão da Qualidade na Recepção e no Acolhimento de Turistas*, dos autores José Roberto Yasoshima e Nadja da Silva Oliveira, a preocupação com o visitante também é o cerne das atenções. O trabalho procura enfatizar a importância da qualidade na recepção e acolhimento do visitante, observando que esta parte do planejamento é muitas vezes negligenciada pelos planejadores e pela administração local e que o senso de hospitalidade apenas produz efeitos positivos se baseado em uma infra-estrutura que seja amigável e de fácil interpretação pelo turista.

O aproveitamento do patrimônio cultural como forma de desenvolvimento turístico é o enfoque de outros artigos desta segunda parte. *O Descortinar do Turismo e sua Influência na Cultura Local*, de Alessandra Ribeiro de Carvalho e Flávia Cristine Santos Turozi, dá ênfase às influências do turismo nas comunidades receptoras e na necessidade de pensar em um turismo humanizado através da valorização e conservação dos aspectos socioculturais das localidades visitadas, trazendo como proposta um trabalho de transformação de lendas locais em atrativos para a população e para os turistas.

O próximo texto, *Legado Cultural do Médio Vale do Itajaí: uma Proposta de Planejamento da Oferta Turística*, de Giancarlo Moser, Marcelo Fouquet Rosembrock e Sérgio Cadore, trata da necessidade de planejamento e dimensionamento do legado deixado por italianos e alemães na região para a construção de uma política estratégica para a oferta turística de caráter cultural, promovendo este produto e criando um diferencial para a economia da região através da atração de turistas.

Valdir José da Silva, Cristiano Araújo Borges e Vanessa Andrade Rosa, através do texto *Resgate Cultural e Oportunidades do Turismo em Ouro Preto*, enfocam o desenvolvimento do turismo no município mineiro de Ouro Preto, dando ênfase à necessidade de planejamento e à importância do resgate e da promoção das atividades culturais da comunidade como um produto genuíno e tradicional de fomento do turismo e que ainda permite o resgate da auto-estima da comunidade autóctone.

Os textos também enfocam as oportunidades e investimentos em turismo que podem surgir através do desenvolvimento da atividade em áreas naturais. Dadas as inúmeras possibilidades de desenvolvimento do turismo nestes espaços, primeiramente são apresentadas alternativas relacionadas ao ecoturismo e, em seguida, iniciativas relacionadas ao turismo rural.

Assim sendo, o texto *Oportunidades de Negócios Geradas pelo Ecoturismo em Unidades de Conservação para as Populações Tradicionais*, de Clézio Gontijo Amorim, tem como principal objetivo analisar as oportunidades de negócios geradas pelo ecoturismo em unidades de conservação para tais populações através do estudo das oportunidades de negócios turísticos geradas no povoado da Barra do Superagüi (PR).

Na seqüência é apresentada a colaboração de David Leonardo Bouças da Silva e José Antonio Silvestre Fernandes Neto, intitulada *Sítio do Físico em São Luís do Maranhão: uma Proposta de Turismo Ecológico*. O texto enfoca o Sítio do Físico, em São Luís do Maranhão, enfatizando sua vocação para o ecoturismo evidenciada pelos resultados de um estudo baseado em visitas, entrevistas com os proprietários da localidade e análise de documentos e material bibliográfico.

O texto *Parque da Serra das Andorinhas: Gestão e Participação*, de Silvio Lima Figueiredo, avalia a situação do Parque Estadual da Serra das Andorinhas (PA) em função da sua recente criação, abordando os entraves e as oportunidades relacionadas à gestão do parque, apresentando sugestões para uma administração sustentável e participativa da área em questão.

A contribuição de Fabíola Saporiti Angerami de Andrade e Francisco Sérgio Bernardes Ladeira, através do texto *Proposta Metodológica para Exploração Turística de Áreas Rurais: o Caso da Fazenda Santa Cecília*, propõe uma metodologia de levantamento de potenciais turísticos em áreas rurais, envolvendo uma seqüência de trabalho organizado em grupos multidisciplinares até a concepção de produtos turísticos a partir das informações de inventário e de demanda.

Em seguida, é feita a análise da implantação da prática do turismo rural em pequenas propriedades como uma alternativa diante dos problemas enfrentados por proprietários, através do texto *Turismo Rural como Vantagem Competitiva para as Pequenas Propriedades Rurais: Estudo do Extremo Oeste do Paraná*, de Gelson Luiz Uecker e Roselis Natalina Mazzuchetti. Estes autores enfatizam a importância da identificação da vocação de cada propriedade e da utilização de iniciativas de planejamento e administração estratégica como forma de assegurar o sucesso de novos empreendimentos ligados ao turismo rural.

Por sua vez, tem-se a contribuição de Valéria Sakakibara, Lúcia Keiko Kawamoto e Paulo Eduardo Domingos intitulada *Planejamento e Gestão nos Meios de Hospedagem no Turismo Rural no Norte-nordeste Paranaense*. Este artigo integra a segunda fase de um projeto acadêmico intitulado "Estratégias do Turismo Rural no Noroeste Paranaense", que objetiva identificar as estratégias que estão sendo utilizadas para o desenvolvimento do turismo rural na região, e trata dos resultados da pesquisa realizada em hotéis-fazenda, pousadas e balneários.

Outro assunto destacado é o enfoque das oportunidades e investimentos ligados ao segmento de eventos. *Turismo de Eventos como Oportunidade para o Desenvolvimento Regional*, de Cinara Rodrigues Cardoso, visa a caracterizar o segmento de eventos, definindo sua participação na atividade turística, demonstrando sua eficácia na geração de empregos e renda e enfatizando-o enquanto instrumento para o desenvolvimento regional.

Djanires Lageano de Jesus, através do artigo *Turismo de Eventos como Gestão e Oportunidades no Desenvolvimento Socioeconômico e Cultural Local em Campo Grande*, defende a consolidação de uma política de planejamento estratégico integrando os empresários do *trade* turístico, comunidade local, organizações governamentais e não governamentais como forma de fomentar a atividade turística, em especial o segmento de eventos, de forma sustentável. O autor defende que, através da reunião de mão-de-obra qualificada e do aproveitamento dos potenciais e equipamentos turísticos existentes em Campo Grande, a cidade pode tornar-se um pólo de turismo de eventos, contribuindo para o desenvolvimento socioeconômico e cultural da região.

O trabalho *Turismo de Eventos e Negócios Aliado a um* Convention & Visitors Bureau. *O Caso de Uberlândia*, de Sérgio Luiz Hillesheim e Sérgio Guimarães Nogueira, analisa o crescimento do segmento turístico de negócios e eventos, relacionando-o com a criação de *Convention & Visitors Bureau.* O autor preocupa-se em caracterizar um *Convention Bureau* atendo-se ao caso de Uberlândia e o respectivo projeto de implantação do Uberlândia *Convention & Visitors Bureau* (UC&VB).

O turismo GLS no Brasil é abordado através da análise da demanda do evento *Rainbow Fest* em Juiz de Fora (MG), apresentada no trabalho *Estudo da Demanda do Turismo GLS em Juiz de Fora*, de Patrícia Ferreira Motta e Rodrigo Fonseca Tadini. Partindo de um dos eventos destinados ao público GLS mais tradicionais do país, este texto preocupa-se em traçar um perfil dos participantes e mensurar as divisas injetadas na economia local, realizando uma análise do potencial deste segmento em Juiz de Fora e apontando oportunidades de investimento na infra-estrutura turística local.

O próximo texto trata dos desafios e oportunidades ligados aos segmentos de hotelaria e cruzeiros marítimos gerados a partir de mudanças no contexto socioeconômico mundial. Neste sentido, o texto de Simone Villanueva Ramos, *O Desafio das Mudanças para a Hotelaria: Produtos e Serviços Criando "Experiências"*, busca refletir sobre a necessidade de mudanças na gestão de empresas hoteleiras, trazendo como embasamento teórico o modelo de análise proposto por Pine II *et al*.

Por sua vez, as reflexões de Igor Machado Borges concentram-se no capítulo final *Os Efeitos dos Cruzeiros Marítimos*, buscando identificar os efeitos que as embarcações de passageiros passaram a causar nas localidades turísticas no litoral brasileiro a partir da década de 1990, centrando suas atenções nas cidades do Rio de Janeiro e Armação dos Búzios. Aspectos como o aumento de entrada de capital na localidade, o aumento de arrecadação de impostos pelo Governo Federal e Municipal, o aumento da oferta de empregos, bem como outros efeitos socioculturais e ambientais, são objetos desta análise.

Observando os diferentes enfoques apresentados e a qualidade das contribuições, espera-se que esta obra contribua de forma efetiva para pesquisas em andamento, bem como represente um subsídio que fortaleça novas iniciativas e reflexões. Neste sentido, congratulo os pesquisadores que tiveram seus trabalhos incluídos nesta coletânea, bem como parabenizo a Associação Brasileira de Bacharéis em Turismo e da Editora Roca pela iniciativa deste projeto e pela concretização desta publicação.

Colaboradores

Alessandra Ribeiro de Carvalho

Bacharel em Turismo pela Universidade Estadual do Oeste do Paraná. Pós-graduação em Ecoturismo pelo CEDEMPT e Universidade de Apucarana.

Anderson do Rego

Licenciado em Ciências Físicas e Biológicas pela Faculdade de Ciências, Letras e Filosofia de Jacarezinho. Acadêmico do Curso de Turismo da Faculdade Estácio de Sá de Ourinhos.

Cinara Rodrigues Cardoso

Bacharel em Turismo e Administradora. Mestranda em Análise Regional pela Universidade de Salvador. Pesquisadora e Professora nas Áreas de Turismo, Hospitalidade e Gestão de Eventos.

Clezio Gontijo Amorim

Graduação em Administração. Especialização em Exportação. Mestre em Administração. Coordenador e Professor do Curso de Administração. Faculdade Internacional de Curitiba.

Cristiano Araújo Borges

Acadêmico do Curso de Turismo da Universidade Federal de Ouro Preto.

David Leonardo Bouças da Silva

Bacharel em Turismo.

Djanires Lageano de Jesus

Bacharel em Turismo pela Universidade Católica Dom Bosco, Campo Grande. Professor do Curso de Turismo do Centro Universitário da Grande Dourados. Pós-graduando em Gestão Empreendedora de Negócios pelo Centro Universitário da Grande Dourados. Pós-graduando em Turismo pela Universidade do Vale do Itajaí.

Fabíola Saporiti Angerami de Andrade
Mestre em Agronomia. Professora e Coordenadora do curso de Turismo da Universidade de Franca.

Flávia Cristine Santos Turozi
Bacharel em Turismo pela Universidade Estadual do Oeste do Paraná. Pós-graduação em Ecoturismo pelo CEDEMPT e Universidade de Apucarana.

Francisco Sérgio Bernardes Ladeira
Doutor em Geografia Física. Professor dos Cursos de Turismo e Ciências Biológicas da Universidade de Franca.

Giancarlo Moser
Historiador e Sociólogo pela Universidade Federal de Santa Catarina. Especialista em Cultura e Semiótica pela Universita degli Studi di Pádua e Cultura Italiana pela Università degli Studi di Trento. Mestre em Turismo e Hotelaria pela Universidade do Vale do Itajaí. Doutorando em Turismo e Hotelaria pela Universidade do Vale do Itajaí. Professor e Coordenador do Curso de Turismo das Faculdades Integradas do Vale do Itajaí.

Gelson Luiz Uecker
Graduação em Administração. Mestre em Gestão dos Agronegócios e Doutorando em Ciências Empresariais. Professor de Marketing no Curso de Turismo na Universidade Paranaense/UNIMEO.

Igor Machado Borges
Turismólogo.

José Antonio Silvestre Fernandes Neto
Bacharel em Turismo.

José Roberto Yasoshima
Graduação em Administração de Empresas. Especialização em Planificação Estratégica do Turismo. MBA em Turismo. Mestrado em Turismo e Lazer pela Universidade de São Paulo. Professor Titular das Faculdades Integradas Rio Branco.

Lúcia Keiko Kawamoto
Acadêmica do Curso de Turismo e Hotelaria no Centro Universitário de Maringá. Bolsista do Programa de Iniciação Científica do Cesumar.

Luis Henrique Brunelli
Acadêmico do Curso de Turismo da Pontifícia Universidade Católica de Campinas. Bolsista de Iniciação Científica da PUC-Campinas sob orientação do Prof. Dr. Luiz Gonzaga Godoy Trigo.

Marcelo Fouquet Rosembrock
Bacharel em Administração pela Fundação Regional de Blumenau. Especialista em Turismo e Lazer pelo INPG/FURB. Mestrando em Turismo e Hotelaria pela Universidade do Vale do Itajaí. Professor do Curso de Turismo das Faculdades Integradas do Vale do Itajaí.

Nadja da Silva Oliveira

Graduação em História. Especialização em Planificação Estratégica do Turismo, Administração Hoteleira e em Turismo. Mestranda na Universidade de São Paulo. Coordenadora na Universidade Metodista de São Paulo.

Nilton Henrique Peccioli Filho

Bacharel em Turismo pelo Centro Universitário Ibero Americano, São Paulo. Especialista em Administração de Empresas pela Faculdade Armando Álvares Penteado. Mestrando em Turismo e Hospedagem pelo Centro Universitário Ibero Americano. Professor e Coordenador do curso de Turismo da Faculdade Estácio de Sá de Ourinhos.

Patrícia Ferreira Motta

Acadêmica do Curso de Turismo da Universidade Federal de Juiz de Fora.

Paulo Eduardo Domingos

Acadêmico do Curso de Turismo e Hotelaria no Centro Universitário de Maringá. Bolsista do Programa de Iniciação Científica do Cesumar.

Rodrigo Fonseca Tadini

Acadêmico do Curso de Turismo da Universidade Federal de Juiz de Fora.

Roselis Natalina Mazzuchetti

Bacharel em Administração. Mestre em Gestão dos Agronegócios e Doutoranda em Ciências Empresariais. Professora de Planejamento Turístico no Curso de Turismo da Universidade Paranaense/UNIMEO.

Sérgio Cadore

Bacharel em Administração pela FURB. Especialista em Engenharia da Produção na FURB. Mestrando em Turismo e Hotelaria pela Universidade do Vale do Itajaí. Professor do Curso de Turismo das Faculdades Integradas do Vale do Itajaí.

Sérgio Guimarães Nogueira

Acadêmico do Curso de Turismo e Hotelaria do Centro Universitário do Triângulo.

Sérgio Luiz Hillesheim

Mestrando em Administração de Negócio. Centro Universitário do Triângulo.

Silvio Lima Figueiredo

Professor e Consultor de Ecoturismo.

Simone Villanueva Ramos

Mestranda em Administração em Hotelaria e Turismo pelo convênio IPCA – Universidade de Extremadura.

Valdir José da Silva

Bacharel em Turismo pela Faculdade de Turismo de Formiga, Minas Gerais. Pós-graduando do Curso de Gestão Empresarial da Faculdade Santa Rita de Conselheiro Lafaiete, Minas Gerais. Professor do Curso de Turismo da Universidade Federal de Ouro Preto. Professor e Coordenador do Curso de Turismo da Faculdade Santa Rita de Conselheiro Lafaiete, Minas Gerais.

Valéria Sakakibara

Acadêmica do Curso de Turismo e Hotelaria no Centro Universitário de Maringá. Bolsista do Programa de Iniciação Científica do Cesumar.

Vanessa Andrade Rosa

Acadêmica do Curso de Turismo da Universidade Federal de Ouro Preto.

Parte I

Tendências e Oportunidades da Atividade Turística

Capítulo 1

O Imaginário e as Oportunidades do Turismo na Pós-modernidade

LUIS HENRIQUE BRUNELLI

Resumo

A sociedade pós-moderna passa por constantes transformações, tendo em vista o avanço tecnológico capaz de criar necessidades e produzir novas tendências de consumo, sendo que estas estão sempre conectadas a uma diferente simbologia interpretada pelo imaginário coletivo. O turismo está diretamente inserido nestas mudanças mercadológicas e, por isso, observa-se a importância da identificação do imaginário do turista através dos símbolos que possam representar um determinado atrativo turístico. Com isso, este trabalho procura apresentar às novas direções do mercado que busca a atividade do ecoturismo, bem como enfatizar o imaginário na identificação, para a criação de oportunidades como também para o auxílio no planejamento turístico.

Palavras-chave: *Imaginário; Turismo; Simbologia; Oportunidades.*

Introdução

As novas Tendências do Turismo a Partir das Transformações na Sociedade

A sociedade deste novo milênio, chamado de "mundo pós-moderno" por alguns autores, apresenta uma realidade em que as relações humanas se restringem basicamente às comunicações tecnológicas. Cada vez mais, as pessoas estão buscando satisfazer suas necessidades e desejos através de tecnologias em que predomina a ausência de contato humano como, por exemplo, fazer compras pela Internet. A comunicação também está informatizada por correios eletrônicos (*e-mails*), conversas na Internet pelo ICQ (abreviação de *"I seek you"*) e salas de bate-papo, que produzem relações rápidas e superficiais nas quais prevalece o individualismo.

Analisando o século passado, observa-se que o lazer passou por grandes transformações marcadas a partir da criação de um novo conceito de cinema. O cinema, que era ambulante, trazia, além de pequenos trechos de filmes, algumas peças teatrais, marionetes, fantoches, entre outras atividades, o que propiciava uma maior interação entre o público que assistia ao espetáculo. Com a chegada do cinema novo fixado em uma sala própria e tendo como único espetáculo a exibição de um filme de longa metragem, começou a ocorrer uma elitização da oferta de lazer e a interação com o público deixou de existir.

As festas comunitárias, como as serestas e as quermesses freqüentemente realizadas, começaram a diminuir, e os parques e passeios públicos foram sendo abandonados com o advento da televisão. Atualmente, até as brincadeiras de criança deram lugar aos jogos eletrônicos. Neste contexto, percebe-se o quanto o individualismo vem ocupando o lugar das "antigas" coletividades sociais.

Dados estatísticos revelam que, no Brasil, uma significante parcela da população migrou das áreas rurais para as áreas urbanas nas últimas décadas, ocasionando um crescimento urbano desenfreado. O Estado de São Paulo foi o que mais cresceu em população urbana e a população do sertão nordestino foi a que mais migrou para o Estado paulista, que tem como base econômica os setores da indústria, comércio, tecnologia e comunicação.

Este grande aumento urbano provocou, entre outras coisas, um crescimento da atividade do turismo em todo o mundo. Segundo a

OMT (Organização Mundial do Turismo), este crescimento, só na última década, foi da ordem de 57% e movimenta anualmente cerca de US$ 3,5 trilhões.

No Brasil, o turismo acompanhou o crescimento que ocorreu principalmente na região nordeste que, além de ser menos industrializada, apresenta maiores dificuldades econômicas. Na região sudeste, o turismo foi mais intenso nos Estados do Rio de Janeiro e Minas Gerais. Neste contexto, o turismo chegou como uma opção de fortalecimento econômico, principalmente para as regiões mais enfraquecidas no setor da indústria e tecnologia.

Naisbitt[6] cita que o homem atual utiliza principalmente o turismo como ferramenta para sair do estresse produzido pela zona tecnologicamente infiltrada em que vivemos (*high tech*), procurando um maior contato com o meio ambiente, pessoas e culturas diferentes (*high touch*).

As diversas mudanças nas relações sociais e econômicas acarretaram novas tendências no turismo atual. Ruschmann[8] descreve que o turismo contemporâneo é um grande consumidor da natureza e sua evolução, nas últimas décadas, ocorreu como conseqüência da "busca do verde" e da "fuga" dos tumultos dos grandes conglomerados urbanos por pessoas que tentam recuperar o equilíbrio psicofísico em contato com os ambientes naturais durante seu tempo de lazer.

DESENVOLVIMENTO

A Importância do Imaginário para a Identificação das Novas Tendências na Segmentação do Turismo

Castoríades[4] define o imaginário a partir de um símbolo; segundo ele, tudo que se nos apresenta no mundo social-histórico está indissociavelmente entrelaçado com o simbólico, mesmo as coisas reais que não símbolos seriam impossíveis fora de uma rede simbólica. Com isso, ele decorre sobre o imaginário, descrevendo que este deve utilizar o simbólico não somente para "exprimir-se", o que é óbvio, mas para "existir", para passar do virtual para qualquer coisa a mais. O delírio mais elaborado, bem como a fantasia mais secreta e mais vaga, são feitos de "imagens", mas estas "imagens" lá estão como que representando outra coisa; possuem, 'portanto', uma função simbólica.

Percebe-se, porém, que os lugares e as comunidades, apesar de se apresentarem de maneira concreta, relatam um contexto histórico-social através da cultura e, por isso, se incluem em uma rede simbólica que permite a produção do imaginário, seja ele de forma individual ou coletiva.

Gastal[5] afirma que viagens e imaginários sempre andaram juntos e coloca o exemplo do símbolo de Nova York, que associou à cidade o símbolo da maçã, a "*big apple*", possibilitando o imaginário coletivo da cidade em que os excessos são permitidos, uma vez que a maçã representa a tentação e o pecado. Observa-se, porém, que Nova York aproveitou este símbolo fazendo dele um estereótipo para a cidade, uma estratégia inteligente para atrair turistas.

Voltando às novas tendências da busca pelo ecoturismo, deve-se compreender a importância da identificação dos símbolos estereotipados das cidades receptoras para a prática desta atividade e, assim, produzir um imaginário coletivo que enfatize o interesse pelo turismo nessas áreas.

O Ecoturismo e suas Oportunidades

Para que uma atividade se classifique como ecoturismo, são necessárias quatro condições básicas: respeito às comunidades locais, envolvimento econômico efetivo das comunidades locais, respeito às condições naturais e conservação do meio ambiente e interação educacional - garantia de que o turista incorpore para a sua vida o que aprende em sua visita, gerando consciência para a preservação da natureza e dos patrimônios histórico, cultural e étnico.

O ecoturismo devidamente planejado e organizado pode ser uma grande fonte de benefícios econômicos para os Estados, empresas privadas e comunidades locais. Da mesma forma, pode ser um instrumento eficaz para a conservação dos recursos naturais e culturais. Por outro lado, a prática do ecoturismo pode resultar em impactos diversos ao ecossistema, comunidades locais e culturas tradicionais, questionando desta forma a sustentabilidade do seu desenvolvimento.

Segundo Yázigi[12], a atividade turística, do ponto de vista estratégico no Brasil, tem seu grande vetor em tirar partido de seus diferenciais, *hors concurs* do turismo, tais como os grandes ecossistemas da Amazônia, Pantanal, Fernando de Noronha, entre outros.

Por isso, segundo Barros[1], dentre os diversos segmentos da atividade turística, o ecoturismo é o que mais se desenvolve no mundo, crescendo a uma taxa de 20% ao ano e refletindo o crescente interesse da sociedade contemporânea por questões ligadas ao meio ambiente. O topo das montanhas, os oceanos e as áreas naturais remotas serão os principais destinos turísticos deste novo milênio, segundo previsão da OMT.

Neste contexto, estima-se que mais de meio milhão de pessoas no Brasil pratiquem o ecoturismo, que deve empregar cerca de 30 mil pessoas através de, aproximadamente, 5 mil empresas e instituições privadas. Consciente de sua importância global, a ONU (Organização das Nações Unidas) destinou o ano de 2002 como Ano Internacional do Ecoturismo.

O Imaginário da Natureza

A natureza e suas populações tradicionais produzem uma imagem de conforto capaz de aguçar o lúdico e o imaginário do homem urbano. A paisagem, segundo Trigo[10], é muito importante na escolha de um roteiro turístico, pois é a partir dela que o turista cria um modelo imaginário paisagístico que provoca a vontade de conhecer determinado lugar. O turismo encontra-se intimamente ligado à paisagem e ao meio ambiente visto que, ao percorrer paisagens e diversos ecossistemas, o ser humano realiza um corte com a natureza em seu estado "puro", interpretando e relatando o que viu. Trigo ainda completa que a natureza, quando observada por olhos humanos, é mediada pela cultura.

Urry[11] acredita que os lugares turísticos são escolhidos para serem contemplados, tendo em vista que existe uma expectativa, sobretudo através dos devaneios e da fantasia, em relação a busca de prazeres intensos.

Schama[9] analisa detalhadamente como as matas, as rochas e as águas influenciaram a visão do mundo nas diferentes culturas. Todo um simbolismo, um romantismo e uma necessidade de interpretar a natureza estão presentes na arqueologia do imaginário que o autor executa em seu texto. Observa-se nitidamente toda a interpretação da natureza descrita por Schama nas diferentes culturas manifestadas ao longo do território brasileiro, principalmente as populações tradicionais que habitam áreas naturais onde estas culturas estão mais preservadas por estarem mais isoladas.

A natureza apresenta uma paisagem contrastante com a paisagem urbana. As populações tradicionais de áreas naturais, por sua vez, apresentam dentro da natureza uma paisagem formada pela forte cultura enraizada por antigas tradições menos impactadas pelo homem globalizado.

A Identificação da Imagem

Brunelli[3] realizou uma pesquisa no Estado de São Paulo, em que busca identificar alguns símbolos que permitam trabalhar o imaginário coletivo para a descoberta de novas oportunidades de turismo, como também para o auxílio do planejamento turístico daquele Estado.

A atividade turística do Estado de São Paulo é realizada, em sua maior parte, pelas viagens realizadas por turistas do próprio Estado. Isto se deve à existência de inúmeras praias no litoral sul do Estado, como Santos, São Vicente, Guarujá e Praia Grande, próximas da capital paulista e de fácil acesso. Este tipo de viagem costuma ser rápida e realizada sobretudo nos finais de semana e feriados. Estes roteiros são revelados pela mídia como grandes centros urbanos, com intensos congestionamentos de veículos em altas temporadas. Esta situação faz com que estas viagens ocorram de forma cotidiana e semelhante aos locais de origens, fato que não aguça o imaginário do turista.

Tendo em vista a geografia do Estado de São Paulo, com praias, cavernas, cachoeiras e rios que cortam o interior paulista, podemos observar o "despertar" do ecoturismo no Estado. A pesquisa de Brunelli selecionou duas áreas importantes para a prática do ecoturismo em São Paulo: a Estação Ecológica de Juréia Itatins, no município de Peruíbe, e o município de Brotas.

A Estação Ecológica Juréia-Itatins (EEJI) é uma das últimas reservas de Mata Atlântica do Brasil. Paisagens de impressionante beleza abrigam ecossistemas de rara integridade. Declarada Unidade de Conservação em 1987, a Estação protege cerca de 80.000 hectares de Mata Atlântica e ecossistemas associados como restingas, manguezais, planícies fluviais, praias, vegetação de topo de morro e costões rochosos.

Os diferentes ambientes da Estação abrigam uma fauna bastante diversificada, com espécies ameaçadas de extinção como jacutingas, gavião-pomba, onças-pintadas, onças-pardas, jaguatiricas, papagaios-de-cara-roxa, monos-carvoeiros e bugios.

Brotas está localizada bem no centro do Estado de São Paulo, no coração de uma das regiões mais desenvolvidas do país, mas que ainda nos presenteia com suas riquezas e belezas naturais preservadas. Dotada de uma posição geográfica estratégica e privilegiada, vem assumindo um novo caminho e desponta no contexto ecoturístico nacional.

Seu potencial natural aliado ao incremento de produtos e serviços turísticos confere à região um enorme potencial para o ecoturismo e para o turismo rural. Hoje já é, com certeza, ponto de referência para a prática de esportes de aventura aquáticos como o *rafting*, o bóia *cross*, a canoagem e o *canyoning*.

A pesquisa apresenta como metodologia a elaboração e aplicação de um questionário que, por não haver uma base metodológica que utilize o imaginário como fonte de pesquisa turística, se fez baseado nos questionários apresentados por Bissoli[2] e Ruschmann[8], além da elaboração de questões específicas que identifiquem símbolos e imagens.

Sendo assim, o questionário apresenta um cabeçalho e se divide em três partes principais: dados pessoais, infra-estrutura e motivação. A seguir, é apresentado o questionário-modelo onde cada pergunta encontra-se detalhada a fim de que se possa compreender a intenção inerente a cada questão.

A pesquisa identificou diversos fatores sobre a atividade turística e sua simbologia nas áreas estudadas. Palavras como natureza, paz, beleza, descanso, preservação, praia limpa, cachoeira e verde foram as mais citadas pelos turistas para expressar o símbolo das áreas estudadas.

Fato significativo observado revela que 95% dos entrevistados residem no próprio Estado, o que levanta possíveis fatores:

- O Estado de São Paulo pode estar estereotipado como um Estado urbanizado, voltado à indústria, comércio e tecnologia, como também à modernidade, através de muito trabalho e pouco lazer;
- O aculturamento do Estado devido à forte imigração pode causar desinteresses culturais por parte dos turistas interestaduais nos atrativos naturais de São Paulo;
- Pode estar ocorrendo a falta de *marketing* turístico visando à atividade de ecoturismo no território paulista.

Conclusão

Este trabalho procura mostrar a atividade do ecoturismo como um mercado interessante e cheio de oportunidades, reforçando a necessidade de um planejamento que vise à sustentabilidade desta atividade. Enfatiza-se, porém, a identificação imaginária do ecoturismo e das suas áreas de atividade em particular.

Observa-se, contudo, que o trabalho de identificação do imaginário pode possibilitar a criação de oportunidades baseadas nas necessidades que surgem na sociedade contemporânea, bem como na simbologia que representa essas necessidades na forma imaginária, que estão em constantes transformações, gerando inúmeras áreas de atuação ao profissional de turismo, como busca de novos atrativos, elaboração de roteiros, planejamento turístico de áreas, projetos de pesquisa e manutenção de gestões.

O estudo deste tema pode contribuir, servindo de ferramenta para os trabalhos de planejamento turístico, levando-se em consideração o infinito campo que se tem para este estudo.

Referências Bibliográficas

1. BARROS, M.I.A. *Educação pelas Pedras: Ecoturismo e Educação Ambiental.* São Paulo, Cronos, 2000.
2. BISSOLI, M.A.M.A. *Planejamento Turístico com Suporte em Sistemas de Informação.* São Paulo, Futura, 1999.
3. BRUNELLI, L.H. *Estudo do Cenário Turístico do Estado de São Paulo no Imaginário do Turista Brasileiro.* Relatório de iniciação científica, PUC Campinas, 2002.
4. CASTORÍADES, C. *A Instituição Imaginária da Sociedade.* Rio de Janeiro, Paz e Terra, 1982.
5. GASTAL, S. *Turismo na Pós-modernidade: Agregando Imaginários.* Trabalho apresentado em congresso. CBTUR, 2001.
6. NAISBITT, J. *High tech: high touch.* São Paulo, Cultrix, 1999.
7. RODRIGUES, A.B. *Turismo e Ambiente: Reflexões e Propostas.* São Paulo, Hucitec, 1997.
8. RUSCHMANN, D.V.M. *Turismo e Planejamento Sustentável: a Proteção do Meio Ambiente.* Campinas, Papirus, 2001.
9. SCHAMA, S. *Paisagem e Memória.* São Paulo, Companhia das Letras, 1995.
10. TRIGO, L.G.G. *Turismo e Qualidade: Tendências Contemporâneas.* Campinas, Papirus, 2001.
11. URRY, J. *O Olhar do Turista: Lazer e Viagens nas Sociedades Contemporâneas.* São Paulo, Studio Nobel, 1999.
12. YÁZIGI, E. *Vandalismo, Paisagem e Turismo no Brasil.* São Paulo, Hucitec, 1999.

Capítulo 2

Turismo Alternativo, um Retorno às Origens

Anderson do Rego
Nilton Henrique Peccioli Filho

Resumo

Este artigo tem a intenção de mostrar que o turista, ao deslocar-se de sua casa para o campo, está com a intenção de retomar às suas origens. Para que isso ocorra, devemos tomar o máximo cuidado com a montagem das paisagens, o que começará a desmotivar os visitantes, pois cada turista possui um tipo de motivação diferente e isso faz com que ele exija uma paisagem mais próxima da realidade do local.

Palavras-chave: *Natureza; Meio ambiente; Motivação; Turismo.*

INTRODUÇÃO

Nosso contato com o meio ambiente vem desde os nossos ancestrais, que viviam em liberdade no planeta, não possuíam moradia fixa, percorriam grandes distâncias em busca de alimentos, caçavam, pescavam, entre outras atividades. Com o passar do tempo, sentiram a necessidade de ter residência fixa para não se locomoverem com a família, que geralmente era muito numerosa; assim surgiu o primeiro indício de cidade.

Com a construção das cidades, o homem passou a ter a residência fixa e seu contato com a natureza foi ficando cada vez mais restrito, a partir do momento em que ele não tinha mais a necessidade de percorrer grandes distâncias para obter sua alimentação.

Hoje, mesmo com toda a tecnologia existente e todo o conforto que os grandes centros urbanos podem proporcionar, busca-se a natureza como refúgio, pois o que o turista procura ao visitar uma fazenda é o retorno às origens, na procura do ar do campo, do cheiro de mato, da diminuição do estresse, da relação com pessoas e com animais e tudo mais que lhe foi roubado nas "selvas de pedra". A "falta do verde" faz com que cada vez mais pessoas o busquem, sempre que têm tempo livre suficiente. A motivação fundamental para a viagem é a necessidade de romper com a rotina, principalmente a mudança física do lugar de residência e trabalho, para o lugar escolhido como destinação da ruptura, onde a paisagem natural tem um papel fundamental. Segundo Gabeira[4], "a verdade é que milhares de habitantes das grandes cidades não só desconhecem os animais como nunca viram um pomar, uma lavoura, um engenho e não têm a mínima idéia de onde se tira o leite da vaca".

O homem foi perdendo completamente sua ligação com o meio ambiente quando começou a morar nas cidades, criando assim uma tecnologia onde o papel da natureza ficou disfarçado, dando a impressão de não ser mais útil; mas isso não é verdade, pois o aumento da procura por formas alternativas de turismo cresce a cada dia.

A tecnologia e o desenvolvimento acarretam vários impactos, reduzindo drasticamente as áreas naturais, ou seja, onde havia abundância de paisagens naturais hoje é muito raro de se encontrar, fazendo com que o homem procure novos caminhos para entrar em contato com a natureza, redescobrindo seu valor.

Hoje, quando se chega em uma fazenda, não se consegue mais separar o que é característico da cidade ou do campo; o homem do campo trouxe todo o conforto da cidade para o meio rural, os empresários não estão preocupados com a conservação do local, mas sim com o dinheiro que irão receber e colocam cada vez mais pessoas dentro de um espaço reduzido.

Com o aumento da procura pela natureza como forma de turismo, começa-se a montar paisagens que não condizem com a realidade local, ou seja, coloca-se plantas que não são nativas da região ou que até mesmo são artificiais, montando assim uma paisagem que não é natural. Devido a esta ação de constante mudança pelo homem, vem o advento da artificialização do turismo, que é quase impossível de ser controlado por estar presente na essência humana sendo, assim, uma maneira de minimizar o impacto no meio natural, mas causando impacto visual.

De acordo com Pires[6], o homem total usa os cinco sentidos quando sai em visita a algum local: ele quer ver, ouvir, sentir, tocar e até mesmo degustar o que ele tem na sua frente. Necessita satisfazer seus cinco sentidos ao entrar novamente em contato com o campo, mas é primordial evitar a montagem de paisagens para que não haja um choque entre o natural e o artificial, pois deve prevalecer o natural para satisfazer o homem de maneira que ele se sinta mais próximo da pureza do local.

A Motivação no Turismo

De acordo com Chiavenato[3], Maslow, psicólogo e consultor americano, apresentou a teoria da motivação, na qual as necessidades humanas ficam organizadas em níveis de hierarquia e podem ser colocadas em uma pirâmide, sendo a base referente às necessidades menos importantes e, conforme vamos subindo, têm-se as necessidades mais elevadas.

O autor começa descrevendo as necessidades fisiológicas, que estão no nível mais baixo; portanto, é neste nível que se encontram as necessidades de fuga, relaxamento, entre outras. Esta necessidade está diretamente relacionada com a sobrevivência do indivíduo, sendo, assim, a mais urgente de todas as necessidades. São instintivas e já nascem com o indivíduo.

Em um segundo nível têm-se as necessidades de segurança, que começam a aparecer quando a primeira necessidade já está relativamente satisfeita, estando relacionada com a busca de proteção tanto na saúde como na recreação.

As necessidades sociais começam a surgir quando as duas anteriores estão relativamente satisfeitas e estão relacionadas com a participação em grupos sendo, assim, importantes motivadores do comportamento.

Por sua vez, as necessidades de auto-estima estão relacionadas com a maneira em que o indivíduo se convence de suas realizações e mostra-se importante para os outros.

No pico da pirâmide estão as necessidades de auto-realização, sendo as necessidades que algumas pessoas têm de ser melhor que elas próprias, ou seja, são necessidades que nunca são plenamente realizadas porque o indivíduo sempre cria objetivos mais altos para serem alcançados.

De acordo com Chiavenato[3], Herzberg nos diz que as necessidades fisiológicas, de segurança, sociais são as necessidades de sobrevivência (básicas); as de estima e de auto-realização são as necessidades de motivação (crescimento).

Mill e Morrison[5] fizeram uma relação da teoria de Maslow com as motivações encontradas em literaturas de viagens e pressupuseram que os turistas que viajam para fugir da rotina, escapar, aliviar as tensões cotidianas podem ser vistos como procurando satisfazer uma necessidade básica de sobrevivência e fisiológica. Assim sendo, sua motivação pode ser um relaxamento físico e mental.

A partir do pressuposto de Mill e Morrison, podemos fazer uma correlação com as necessidades das pessoas que buscam o contato com a natureza.

Verificamos que existem diversas razões pelas quais os indivíduos viajam, bem como diversos são os aspectos motivadores para satisfazerem suas necessidades. Podemos perceber que as pessoas que buscam uma verdadeira experiência no campo, ou seja, buscam uma autenticidade, estão timidamente satisfazendo uma necessidade fisiológica e, quanto mais alcançam o patamar superior na pirâmide, percebemos que maiores e mais variadas são as razões encontradas para a busca do verdadeiro contato com a natureza e o campo.

Portanto, cada vez que o indivíduo satisfaz suas necessidades prementes, ele começa a buscar algo verdadeiro, autêntico, em se tratando de formas alternativas de turismo.

Vale lembrar que, para ocorrer a motivação no turismo, é necessária a vontade de viajar e a disponibilidade de tempo e dinheiro, bem como bens e serviços turísticos que irão satisfazer as necessidades no tempo e preço convenientes.

Tabela 2.1 – Necessidades das pessoas que buscam contato com a natureza

Necessidades	*Motivo*	*Referências em literaturas de turismo: formas alternativas*
Fisiológica	Relaxamento físico ou mental	• Fugir das grandes cidades (poluição, trânsito etc.); • Aliviar as tensões diárias; • Ter contato com a natureza, o campo.
Segurança	Proteção	• Saúde (respirar ar puro); • A própria segurança (violência, assalto, seqüestro etc.); • Caminhar; • Fazer exercícios matinais.
Sociais	Relacionamento	• Raízes (retorno às origens); • Contato familiar, com outras pessoas; • Amizade; • Compreensão.
Estima	Realização, *status*	• Ver o ambiente natural sem interferências; • Preocupação com questões ambientais; • Reconhecimento perante a sociedade; • Ser admirado por outras pessoas.
Auto-realização	Aprender e entender	• Aprender de onde vem sua alimentação; • Conhecer outras culturas; • Motivos educacionais; • Auto-satisfação.

Fonte: Mill e Morrison[5] (modificado).

Swarbrooke[9] descreve os turistas em gradações de verde, que vai desde o não verde (aquelas pessoas que somente se preocupam em ler algo que saia sobre o meio ambiente), passando para o verde claro (aquelas que pensam em questões ambientais, em como reduzir os impactos de sua presença no local, usando transporte público para se locomoverem, com a intenção de poluir menos, demonstrando com isso elevada consciência ecológica), chegando até os verdes escuros, que se preocupam a ponto de boicotar hotéis e locais de veraneio que têm reputação ruim a respeito das questões ambientais e, finalmente, os totalmente verdes, que nem saem de casa para não agredir o meio ambiente como os demais.

Deste modo, vemos que cada pessoa possui uma necessidade diferente em tempos diferentes e, a cada dia que passa, suas motivações evoluem até chegar a um ponto em que ela própria tenha que se superar para estar satisfeita.

Formas Alternativas de Turismo

O turismo é uma atividade ilimitada e, em oposição ao turismo de massa, surgem formas alternativas para melhor explicar as necessidades de cada indivíduo, como o turismo rural, ecoturismo, turismo cultural, entre outras.

O turismo rural proporciona uma parte deste retorno às origens. Este retorno começa na hora de dormir. Muitas propriedades oferecem chalés em seu pacote, onde podemos descansar ouvindo sons de diversos insetos e despertar com o galo cantando, sons que foram ocultados nas cidades. Durante o dia, voltamos a ter o contato direto com a terra e animais.

Vemos a produção agrária, onde temos as lavouras de hortaliças, leguminosas e pomares, podendo comer frutas, legumes e verduras colhidas na hora de servir. Já na produção pecuária, tira-se leite da vaca, anda-se a cavalo e tudo mais relacionado a esta atividade.

Os turistas mais interessados em ter contato maior com a produção podem pôr a "mão na massa" e mexer com a terra e com os animais, comprovando que a maioria dos alimentos que são consumidos nas cidades são provenientes do campo e não das gôndolas do supermercado.

O ecoturismo, além de ser uma forma de valorizar o patrimônio natural, também coloca o visitante em contato direto com o meio ambiente, fazendo com que ele interprete o ambiente, pois o ecoturista não está ali só para ver, quer aprender, dedicando todo seu tempo para contemplar as paisagens naturais.

O ecoturista tem uma preocupação maior com as questões ambientais. Por isso, quando ele vai para os parques florestais fazer o seu "passeio", fica mais atento a tudo que está ao seu redor, percebendo com muita facilidade se a paisagem foi montada ou é totalmente natural. Isto ocorre porque o ecoturista é um turista diferenciado de todos os demais; ele já tem uma preocupação maior com a natureza e, segundo a classificação de Swarbrooke[9], este seria o turista entre o verde claro e o verde escuro.

Além de todas as buscas pelo contato com a natureza, temos um resgate cultural em que o turista, ao ter esta aproximação com suas origens, implicitamente aprende como viviam, o que faziam e como se divertiam seus ancestrais, aprendendo a respeitar mais a força da natureza, faz parar para refletir sobre sua contribuição para destruir todo o sistema natural, mudando cursos de rios, devastando florestas para a construção das cidades. O meio ambiente só pede respeito, mas precisamos primeiro depredar para aprender a conservar.

De acordo com dados da OMT (Organização Mundial de Turismo), enquanto o turismo cresce 7,5%, o ecoturismo chega a 20%. Isto está ocorrendo porque os turistas estão se cansando de visitar somente as "selvas de pedra" por serem todas muito parecidas, começando então a aumentar a procura pela natureza, onde cada região visitada tem um atrativo completamente diferente das demais, deixando bem claro que o turista está procurando lugares diferentes. Se começarmos a "produzir paisagens", a tendência é a extinção de uma série de plantas, por não tomarmos cuidado com esta "montagem de paisagem" deixando todos os lugares idênticos, colocando sempre as mesmas espécies de plantas em regiões diferentes.

Segundo Andrade[1], "os turistas não se impressionam muito com as altas qualificações dos receptivos: desejam encontrar a qualidade do diferente, do não-rotineiro, do descompromisso com agendas, horários e trabalhos".

De acordo com Beni[2], devemos criar fluxos turísticos para poder definir a oferta básica, pois os atrativos naturais já são os grandes motivadores, a natureza oferece valores sem que o homem interfira. "Em suma, a oferta do turismo pode ser concebida com conjunto dos recursos naturais e culturais".

Temos, portanto, a natureza como peça fundamental para oferecermos ao visitante, mas o que ele quer ver é a natureza em seu estado natural, sem a interferência do homem, justamente por estar buscando o cheiro do mato, o ar puro, o barulho dos animais, os quais foram roubados na cidade.

A partir do momento em que o homem começou a domesticar os animais, o meio ambiente foi ficando cada vez mais devastado; hoje, vemos que isso não trouxe nada de positivo, fazendo com que a demanda pelo turismo-natureza aumente cada vez mais e a devastação diminua na mesma proporção, pois agora estamos começando a nos conscientizar de que a natureza é muito mais importante do que qualquer outro tipo de tecnologia.

O turista, ao procurar o campo para seu descanso, quer, na realidade, retomar as ligações com a "mãe-natureza" que há muito tempo deixou de ter, pois viu que toda tecnologia criada não serviu para muita coisa. Um exemplo disso é a criação de plantas artificiais que são muito parecidas com as originais, só que elas não têm cheiro, não respiram e a sua produção acarreta uma série de fatores que diminuem o oxigênio da atmosfera, o que as naturais não fazem, pois elas respiram, têm odores agradáveis e produzem oxigênio para seu próprio consumo.

De que adianta criar paisagens se hoje o homem quer ter um contato maior com a realidade da natureza? Devemos criar meios para que possamos ter o meio ambiente cada vez mais próximo das nossas casas. Por isso é que as formas alternativas de turismo estão aumentando rapidamente, pois o produto que está sendo oferecido é o mais natural possível, sofrendo pouco a interferência do homem. Isso faz com que o homem aprenda realmente que a natureza tem valor fundamental para sua existência e comece a preservar cada vez mais.

De acordo com Pires[6], quando o visitante deseja explorar todos os aspectos que integram o meio ambiente, devemos ter atenção a estes itens: visual, onde o natural deve prevalecer; olfativo, pois não sentiremos mais o odor da poluição e começaremos a sentir o ar puro do campo; auditivo, quando deixamos de lado o barulho das buzinas de carros e passamos a ouvir os sons dos animais e o barulho do vento nas árvores; tátil, onde se sente o peso das coisas, as texturas das mais variadas formas de troncos, terras, folhas, entre outras; gustativo, quando sentiremos o sabor dos alimentos sem agrotóxicos e colhidos na hora de servir.

Por isso, temos a noção de que, em cada lugar onde vamos, teremos sensações diferentes. A partir do momento em que começamos a manipular as paisagens, criamos sempre formas parecidas e perdemos os sentidos para distinguir as diferenças de cada local visitado, piorando muito se colocarmos plantas artificiais misturadas ao natural, deixando assim um ambiente desagradável e cansativo para visitação.

Conclusão

Verificamos que os turistas, ao se deslocarem de seu lugar de origem para o lugar de destinação, estão procurando satisfazer algumas de suas necessidades fisiológicas, de segurança, sociais, de estima e auto-realização. Para tanto, devemos ter um conhecimento do público-alvo, para podermos agir no local adequadamente sem que a demanda diminua e os visitantes possam sair satisfeitos com tudo que estão vendo, fazendo e ouvindo.

Quanto mais autêntica for a oferta turística em áreas rurais, maior será a chance dos empresários atenderem ou satisfazerem as necessidades da demanda pois, como vimos na Tabela 2.1, as pessoas que buscam satisfazer suas necessidades mais elevadas procuram um contato maior com a autenticidade local; estas pessoas também são consumidores potenciais.

Portanto, sugerimos que os empresários, os profissionais do turismo e os próprios consumidores fiquem atentos à questão da artificialização, pois os principais componentes para se visitar o campo estariam diretamente ligados com a visualização dos artesanatos, da produção da fazenda, onde os próprios turistas poderiam participar ativamente na degustação de alimentos e bebidas, ouvindo as histórias de como os mais velhos viviam no passado, caminhando assim ao encontro com o homem total de Pires[6], que usa todos os seus sentidos para estar plenamente satisfeito.

Referências Bibliográficas

1. ANDRADE, J.V. *Turismo: Fundamentos e Dimensões*. 8ª ed. São Paulo, Ática, 2000.
2. BENI, M.C. *Análise Estrutural do Turismo*. 4ª ed. rev. São Paulo, Senac, 2001.
3. CHIAVENATO, I. *Introdução à Teoria Geral da Administração*. 6ª ed. rev. e atual. Rio de Janeiro, Campus, 2000.
4. GABEIRA, F. Descobrindo o Brasil Rural com Atraso de 500 Anos. *Folha de São Paulo*. São Paulo, 27 de março de 2000.
5. MILL, C.R.; MORRISON, A.M. *The Tourism System: An Introductory Text*. 1992.
6. PIRES, M.J. O Turismo Rural e a Preservação de Valores Socioculturais. *In*: *Anais do III Congresso de Turismo Rural*. Piracicaba, FEALQ, 2001.
7. RUSCHMANN, D.M. *Turismo e Planejamento Sustentável: a Proteção do Meio Ambiente*. 6ª ed. Campinas, Papirus, 1997.
8. SERRANO, C.M.T.; BRUHNS, H.T. (Org.). *Viagens à Natureza: Turismo, Cultura e Ambiente*. 3ª ed. Campinas, Papirus, 1997.
9. SWARBROOKE, J. *Turismo Sustentável: Conceitos e Impactos Ambientais*. São Paulo, Aleph, 2000.
10. SWARBROOKE, J. *Turismo Sustentável: Meio Ambiente e Economia*. São Paulo, Aleph, 2000.
11. SWARBROOKE, J. *Turismo Sustentável: Setor Público e Cenários Geográficos*. São Paulo, Aleph, 2000.

Capítulo 3

Gestão da Qualidade na Recepção e no Acolhimento de Turistas

José Roberto Yasoshima
Nadja da Silva Oliveira

Resumo

O presente trabalho procura enfatizar a importância da qualidade na recepção e acolhimento do visitante. Esta parte do planejamento é muitas vezes negligenciada pelos planejadores e pela administração local. Como conseqüência, o município deixa de ser percebido pelo potencial turista. O senso de hospitalidade só tem um efeito positivo se baseado em uma infra-estrutura que seja amigável e de fácil interpretação pelo turista.

Palavras-chave: *Planejamento local; Hospitalidade; Sinalização turística; Infra-estrutura de apoio; Acolhimento; Recepção.*

INTRODUÇÃO

Um dos maiores problemas verificados na elaboração do planejamento e ordenamento do turismo em localidades turísticas é a falta de inclusão da infra-estrutura de apoio, relacionada aos serviços de recepção aos turistas.

Esses serviços, muito negligenciados pelos responsáveis pela organização do turismo e pelos administradores locais, é posteriormente improvisado de forma pontual e dissociada.

Para o turista interno ou doméstico, que chega a um destino turístico ou a uma cidade de etapa, o problema é enfrentado através da comunicação verbal e da pesquisa, muitas vezes errática, em busca da informação desejada. Já para o turista externo ou estrangeiro a solução do problema se agrava pelo desconhecimento da língua, pelas diferenças culturais e pela constatação de que, no Brasil, o aspecto da recepção e acolhimento é tratado com desleixo.

A pesquisa anual que a Embratur (Instituto Brasileiro de Turismo) faz com os turistas estrangeiros no Brasil é reveladora da insatisfação do viajante, conforme pode ser constatado na Tabela 3.1.

Tabela 3.1 – O que os turistas não gostam

Evento	*1995*	*1996*	*1997*	*1998*	*1999*
Sinalização Turística	22,3	19,4	21,7	12,3	19,2
Limpeza Pública	21,8	19,1	19,2	14,4	14,6
Comunicações	12,1	11,5	17,3	9,5	14,2
Informações Turísticas	16,3	10,3	13,3	5,9	12,3
Segurança Pública	16,1	13,1	13,1	9,8	10,8
Transporte Urbano	13,5	12	13,5	5,6	9

Fonte: Embratur.

Na Tabela 3.1 podemos verificar que as maiores reclamações são relacionadas com a sinalização turística, item mais citado nos últimos anos, seguido pela falta de limpeza pública, comunicações e informações turísticas.

Encontramos aí a raiz do problema e a constatação que pode ser feita é de que falta um planejamento integrado e sistêmico da infraestrutura de recebimento e de acolhimento dos turistas no Brasil, que poderíamos chamar, num significado amplo, de senso da hospitalidade.

Poucas são as cidades e os Estados preocupados em investir nessa área de forma e eficaz.

No estágio em que o mundo se encontra, envolvido num processo de globalização sem retorno, os destinos turísticos tendem a confundir o consumidor no seu processo de aprendizado e de decisão de compra, tornando-o volúvel na escolha e mais voltado para aqueles destinos que lhe sejam mais consistentes e menos complexos.

O planejamento da infra-estrutura de recepção e de acolhimento, além de tornar o destino turístico ou cidade de etapa mais amigável para os visitantes, pode também formar uma imagem favorável do lugar, destacando-o num mercado promocional cada vez mais concorrencial.

A Infra-estrutura de Recepção e Apoio dos Turistas

A Hospitalidade no seu Conceito mais Amplo

A hospitalidade tem raízes na antigüidade grega. Um deus mitológico era o protetor dos viajantes e dos estrangeiros, Zeus Xênios. Em nome dessa divindade, o bem-receber e o bem-alojar eram tratados como preceitos a serem cumpridos com rigor.

Foi ainda na Grécia antiga que se criou o primeiro posto público encarregado de dar todo auxílio ao viajante. O "proxeno" era um funcionário público que fiscalizava o atendimento dado ao estrangeiro em viagem, assistindo-o em suas necessidades, orientado-o na sua permanência. Talvez tenha sido o primeiro cargo público do turismo.

Na Idade Média a Igreja perpetuou a hospitalidade antiga, dando-lhe a conotação cristã. Através desse espírito de hospitalidade é que os movimentos dos peregrinos e romeiros se tornaram possíveis, constituindo-se num dos principais movimentos das viagens da época. As abadias e os mosteiros tinham aposentos para dar o necessário abrigo, repouso e alimentação para aqueles que venciam as dificuldades do percurso na busca da fé. Algumas ordens religiosas, como a dos Beneditinos, têm na hospitalidade um de seus gestos mais apreciados. Em contrapartida, os peregrinos eram convidados a contribuir com os custos de manutenção dos hospedeiros.

Atualmente a hospitalidade de uma região ou de um povo é um traço positivo de seu caráter e um valioso agregado de valor para seus atrativos turísticos principais.

A *Maison de la France*, órgão turístico francês, preocupou-se com a imagem que o turista estrangeiro tem da França e do francês em geral no tocante ao espírito de hospitalidade. As autoridades responsáveis pela divulgação e promoção chegaram à conclusão de que o comportamento habitual do francês, *mal embouché**, xenófobo e monoglota poderia, a médio prazo, tirar da França o título de destino internacional mais procurado. Em sucessivas campanhas de esclarecimento, a *Maison de la France* incentivou o habitante local ao aprendizado de outras línguas e à manutenção do sorriso, formas de melhorar o recebimento dos turistas estrangeiros.

O Sebrae (Serviço Brasileiro de Apoio às Micro e Pequenas Empresas) divulgou, no dia 13 de março de 2002, os resultados da primeira etapa do projeto que promete fazer da "brasilidade" importante elemento em favor da abertura de mercados para produtos e serviços do país. Feita em parceria com o *Instituto S3 Studium*, do sociólogo italiano Domenico de Masi, a pesquisa pretende dar subsídios para agregar valores culturais e simbólicos ao *marketing* das empresas**, associando-as a um signo de dominância, ou *label* Brasil.

A pesquisa mostrou que um dos pontos fortes do Brasil é a sua imagem de "país amigo", hospitaleiro e aberto ao visitante.

Uma Abordagem Sistêmica e Integrada

Ser reconhecido como um país hospitaleiro é uma vantagem a ser explorada mas, por si só, não garante a qualidade da recepção e do acolhimento ao turista. É necessário que atitudes concretas e investimentos em infra-estrutura dêem suporte a esse traço marcante do caráter do povo brasileiro.

A hospitalidade, segundo Eymard[2], não é um produto turístico, mas é seu componente essencial.

Podemos afirmar que um bom serviço de recepção e acolhimento dos turistas deve analisar as várias dimensões que formam o alicerce do senso de hospitalidade: o bem-receber, o bem-indicar, o bem-informar e o bem-acolher.

---

* Mal-humorado.

** *"Brasililidade" será arma de marketing*, Valor Econômico, de 14 de março de 2002.

O Bem-receber

É proporcionar ao turista uma recepção amigável nos pontos de acesso. Para tal é necessário que a localidade disponha de *wellcome centers*, centros de informações turísticas ou centro de boas vindas devidamente sinalizados. Estes centros devem ser construídos nas entradas da cidade - junto às principais vias de acesso, nos portões de chegada de aeroportos, portos, estações rodoviárias e ferroviárias e nos locais de grande afluxo de turistas (centro da cidade, praias mais freqüentadas etc.). Deve ser um local com ambiente favorável para que o turista tenha um momento de distensão e de alívio do cansaço e tensão da viagem. Esse momento da verdade, percebido pelo turista, vai ser responsável pela formação de uma imagem positiva ou negativa. Um funcionário da polícia ou da alfândega mal-educado, um motorista de táxi desonesto, empregados carrancudos são sinais negativos emitidos pelo local e assimilados de imediato pelo turista. É nesse momento que ele começa a se questionar se vai valer a pena permanecer naquela cidade.

Além da educação e simpatia, o local deve ter sanitários, *coffee-shop*, loja de conveniência. Um sistema interligado de reserva de hotéis pode facilitar a vida do turista e melhorar a taxa de ocupação dos meios de hospedagem. Este centro de recepção deve ter farta folheteria informativa: mapas, *folder* de atrativos, roteiros temáticos, passeios, possibilidade de se fazer reservas para passeios, excursões etc. O local deve ter uma identificação visual perceptível, de preferência com a utilização da simbologia universal para informações turísticas: o "*i*", ou a interrogação "?", conforme Figura 3.1.

Figura 3.1 – Placa de sinalização e informações turísticas. Fonte: Tourisme Québec e Circulation Routiére da Bélgica, Região da Toscana e sinalização turística da Tasmânia.

O Bem-orientar

A partir do momento em que o turista entra na cidade, a sinalização turística e viária de indicação e orientação é imprescindível para ajudá-lo no processo de decisão e na sua vontade de permanecer ou não na localidade, de visitar os atrativos turísticos. Sinalização confusa e um sistema viário hostil certamente vão fazer com que o viajante opte em prosseguir a sua viagem para outros destinos, ao invés de permanecer num local irritado num lugar em que ele não tem referências nem orientação. O bem-orientar pressupõe uma sinalização de aproximação e de direcionamento de fácil interpretação, com a utilização de cores e pictogramas universais.

Figura 3.2 – Placas de orientação de destino turístico. Fonte: Circulation Routiére da Bélgica, Rota de Vinho da Toscana, Québec, Tourisme de l'Oise (França) e Departamento de Transportes (EUA).

Figura 3.3 – Placas de orientação de atrativos. Fonte: SES – Signatest (Paris, França).

O Bem-informar

A informação é a comunicação que a localidade faz de seus atrativos. Ela pode ser feita através de guias de turismo locais, de motoristas de táxi, de itinerários de ônibus turísticos, como as jardineiras de Curitiba, da população em geral e, também, através de placas, esquemas, maquetes ou qualquer outro meio capaz de transmitir ao visitante as informações que ele deseja saber sobre aquele atrativo que ele está visitando. A tecnologia de hoje oferece recursos da realidade virtual, da reconstituição de antigos monumentos que podem dar ao visitante a idéia da dimensão que esses atrativos tinham à sua época. Gravações acionadas através de um simples toque de botão podem ajudar o turista a percorrer por si só itinerários no seu ritmo e seu *timing*. É importante lembrar que as informações devem estar disponíveis em várias línguas, de acordo com a demanda dos turistas estrangeiros que visitam o local.

Nos roteiros temáticos, é possível fornecer uma boa informação ao visitante através de folhetos ilustrados, mapas pictóricos, com a descrição sucinta e precisa de cada atrativo constante do roteiro. Mas é importante salientar que a informação deve ser precedida e reforçada por uma sinalização de direção e de orientação bem-planejada.

Figura 3.4 – Placa informativa em local de atrativo turístico. Fonte: SES – Signalest (Paris – França).

O Bem-alojar

É a quarta dimensão da hospitalidade que, muitas vezes, confunde-se com o próprio ato de hospedar. O bem-alojar representa o ato final do acolhimento e é uma decisão voluntária do turista. É a manifestação da sua escolha de permanência naquele local e em determinado momento. Pode ser uma parada destinada a uma refeição, a um descanso. Nesse momento deve haver todo um conjunto de expertises em acolher, alimentar o turista, satisfazendo plenamente as suas necessidades biológicas primárias. Quantas vezes, à beira-mar, o turista que quer descansar ao sol, ter um momento de tranqüilidade é atacado por um batalhão de vendedores de toda espécie de produtos e bugigangas?

Figura 3.5 – Painel de informação de meios de hospedagem.

CONCLUSÃO

Neste trabalho procuramos chamar a atenção para um ponto importante do turismo que é muitas vezes é negligenciado e esquecido na fase do planejamento e da organização do turismo municipal ou regional: o senso de responsabilidade, tangilibizado através de infra-estrutura de apoio adequada.

É necessário que o planejador se ponha no lugar do turista para sentir as suas sensações ao chegar num lugar desconhecido e complexo. Essa empatia e o entendimento da forma como o turista percebe serão de extrema valia na implantação de qualquer projeto.

Muitas vezes o planejamento da infra-estrutura de recepção e acolhimento não é levado em conta porque os administradores locais, acostumados com os seus caminhos e atalhos, têm referências direcionais próprias, julgando que o turista também as têm.

Certa vez, na procura de informação sobre a localização de um atrativo histórico na cidade de Santos, fui informado por um policial de trânsito que era fácil, bastava "pegar o Canal Três e seguir reto" que chegaria ao destino desejado. Só que eu dirigindo num local estranho, não tinha a menor idéia do que era o Canal e qual era o critério de numeração e a referência que tinha na cidade.

Vale a pena enaltecer o esforço da Embratur em fornecer um instrumento que pode ser utilizado pelo Planejador Turístico da Infraestrutura Urbana, o Guia Brasileiro de Sinalização Turística, recémlançado, que traz orientações precisas sobre padronização, pictogramas, visibilidade e esquemas de implantação da sinalização turística municipal.

É preciso, acima de tudo, saber que a atenção do turista é ativada pela sua percepção. Se o município que pretende ser turístico não tiver a preocupação de desenvolver uma imagem positiva e forte, certamente não será percebido nem visitado; será uma simples mancha visual no itinerário do viajante, uma simples etapa em seu roteiro de viagem, que não lhe deixará nenhuma lembrança.

Referências Bibliográficas

1. EMBRATUR. *Guia Brasileiro de Sinalização Turística*. Brasília, Embratur, 2001.
2. EYMARD, R. *Profession Tourisme*. Paris, Edição IFPAC, 1999.
3. LAVALETTE, B.C.; DORÉ, J.; TIJUS, C. *La Signalétique: Conception, Validation, Usages*. Paris, Lês collections de l'inrets, 2001.
4. OMT. *Tourism Signs & Symbols*. Madrid, OMT, 2001.

Parte II

Patrimônio Cultural e Desenvolvimento Turístico

Capítulo 4

O Descortinar do Turismo e sua Influência na Cultura Local

Alessandra Ribeiro de Carvalho
Flávia Cristine Santos Turozi

Resumo

O estudo do turismo em relação à comunidade local vai muito além destas palavras. O que buscamos aqui é transmitir uma forma de minimizar os impactos causados pelo turismo, sejam eles positivos ou negativos, pois nos dois casos a população receptora é afetada. Isto nos traz uma reflexão lógica e, ao mesmo tempo, trágica do "consumo turístico". Surge, então, a necessidade de pensar num turismo humanizado tanto para os que chegam como para os moradores da cidade e que busque, na essência, o que caracteriza cada local, como uma forma de reverter em benefícios estes impactos para ambas as partes. A proposta (mais) geral deste trabalho é de valorizar e conservar os aspectos socioculturais das localidades visitadas, especialmente as lendas, que seriam transformadas em atrativos para a população e para os turistas. Acreditamos que o resgate destas ricas histórias populares pode ser considerado o exemplo vivo da ancestralidade da população receptora, devendo ser, portanto, valorizadas como tal e não esquecidas.

Palavras-chave: *Turismo; Cultura; Lazer; Sociedade; Lendas.*

Introdução

O objetivo deste trabalho é refletir sobre o desenvolvimento do turismo nas cidades e nas localidades turísticas, abrangendo a cultura regional como um "vetor" transmissor das informações entre turistas e localidade, oportunizando assim um melhor conhecimento de ambas as partes sobre este mercado "promissor".

Este trabalho foi baseado no projeto "Valorização das Lendas Regionais: Uma Metamorfose para o Turismo Humanizado na Comunidade", apresentado pelas autoras como pré-requisito para a conclusão do curso de Turismo no ano de 2001, na Unioeste (Universidade Estadual do Oeste do Paraná). No entanto, sentimos a necessidade de transmitir nossas idéias para além da Universidade, buscando no turismo uma "chave" que interligue o turismo, a cultura e o lazer.

O turismo, fenômeno social considerado uma das maiores forças econômicas atuais, gera melhores condições de vida por meio das muitas atividades de lazer que propicia, bem como outros diversos setores da economia moderna. Assim, o turismo deve levar em conta os princípios que garantam um seguro desenvolvimento sem prejudicar o meio ambiente: a mudança em sua ética na sua relação com a sociedade, o meio ambiente, a cultura da população receptora e as exigências econômicas, pois ele depende da apropriação e exploração da natureza e das sociedades locais. Onde existe turismo desenvolvido, há os impactos, tanto de forma degradante (negativa), quanto de forma de conservação (positiva), atingindo não só a "natureza", mas todo aspecto sociocultural da localidade.

Por isso, a idéia proposta é transformar as lendas num atrativo não só para o turista como para a população local. Desta forma, abordar o aspecto sociocultural da localidade contribui para o resgate destas ricas histórias populares que, embora muitas vezes esquecidas, são o exemplo vivo da sua ancestralidade e, portanto, devem ser valorizadas como tal.

Dizem que trabalhar no setor hoteleiro é como interpretar papéis em teatro vivo, onde os atores podem ser vilões ou mocinhos, os espectadores podem ser ativos ou passivos e onde o palco é envolto de sonhos, contracenando com a realidade dos atores e espectadores[4]. A magia* que envolve este ramo é a mesma que interliga todas as

* Magia: referente à mesma magia do circo, a magia da representação com objetivo de descontrair a platéia.

outras atividades dos cenários turísticos do qual a hotelaria faz parte e que, a princípio, tem como principal objetivo satisfazer os anseios do ser humano: prazer e descanso. Contudo, essa prioridade se desvirtua e, por detrás das cortinas do espetáculo, apenas se visa o "lucro"[2].

A dubiedade destes objetivos é fruto do contexto econômico, social, cultural e político em que está inserido o turismo atual, contexto este que faz parte da contínua evolução da sociedade humana. Assim, estudando esta atividade, percebe-se que, como tudo relacionado à evolução humana, o turismo não terminou seu aprendizado - de forma mais acentuada no Brasil[8] - e, para entendê-lo, é necessário não apenas ler as "peças" já escritas mas, sim, descortiná-lo e deixar a história narrar seus fatos.

Para compreender o turismo há a necessidade de analisar sua interação com o lazer e a importância deste como motivação para deslocar o ser humano das esferas sociais nas quais participa cotidianamente, como o trabalho e no local de moradia.

A necessidade de viajar é, segundo Krippendorf[5], movida pelo fato de que as pessoas não se sentem bem "onde se encontram, seja nos locais de trabalho ou seja onde moram", pois estes ambientes se tornaram frios e estressantes com a evolução industrial. Como conseqüência, o turismo passou a ser visto erroneamente como uma terapia rápida para esses problemas.

Com isso, o turismo vincula-se a um lazer deficitário, com justificações contraditórias para quem viaja, pois é, ao mesmo tempo, fuga e reencontro. É fuga do cotidiano, por ser uma espécie de "livre arbítrio manipulado" - o ser humano se vê motivado, através da publicidade, a escolher um local para a prática do lazer, em especial no turismo, mesmo que seja obrigado a compartilhar um espaço físico de lazer escasso perante tantos outros "consumidores". O indivíduo quer tomar esta decisão de ir e vir, de comprar ou não, mas desconhece que está sendo brutalmente influenciado mesmo quando busca a fuga do controle, do estresse, da rotina de trabalho, das normas impostas, da formalidade, do local de residência tumultuado e aglomerado, dos sentimentos depressivos, do meio ambiente poluído e todas as formas de símbolos exaustivos.

Opondo-se a isto, o lazer também se constitui pelo reencontro com o descanso, do encontro interior consigo mesmo - com os sentimentos recalcados, com a espontaneidade - com a novidade, com o conhecimento de suas raízes, com uma paisagem natural e imaginária, reencontro pleno com os símbolos que reproduzem prazer e algo sobrenatural.

A fuga e o reencontro se interligam no ciclo reanimador que o indivíduo faz para resistir ao cotidiano, para viajar no tempo livre, para encontrar energias, para prosseguir atuando no tempo de trabalho e no tempo de obrigações sociais.

A partir desta motivação, o turismo se expandiu rapidamente e de forma desordenada, devido às buscas simultâneas dos mesmos atrativos, provocando um "inchaço" no local visitado e constituindo o que passou a ser conhecido como turismo de massa[9]. Os viajantes desfrutam o máximo possível do local visitado, de seus espaços de lazer, seus recursos naturais, seu clima, sua comida e toda a cultura local é "comercializada", muitas vezes não há possibilidade de vivenciar a realidade do lugar. Os viajantes voltam para seus lugares de origem com uma sensação de força para continuar suas vidas cotidianas. Mas, para a comunidade receptiva, essa movimentação traz uma apatia generalizada, porque ela se sente excluída de toda a organização que beneficia os turistas. Há que se ver que estes depredam o meio e tiram a liberdade dos autóctones* de viverem em seu próprio espaço.

Por outro lado, a economia da localidade turística ainda precisa das receitas geradas pelos visitantes para sua própria sobrevivência e se obriga a continuar incentivando a entrada de turistas. Essa situação ambígua demonstra o limite a que chegou o desenvolvimento turístico[5].

Essa ambigüidade fornece uma análise real dos impactos negativos e positivos do turismo e a idéia é que os benefícios devem sempre exceder os custos, não o inverso, como geralmente acontece. Thomazi exemplifica alguns custos e benefícios gerados no turismo atualmente, os quais foram delimitados e adaptados conforme a área sociocultural e econômica:

- Elevação do nível cultural: intercâmbio cultural *versus* etnocentrismo;
- Valorização e preservação do patrimônio históricos *versus* alteração dos processos produtivos (artesanato), folclore – nas danças, eventos fora de época, gastronomia típica, arquitetura;

* Termo utilizado por Krippendorf, entre outros autores, pelo qual se referem aos moradores da cidade turística.

- Incentivo na busca endógena de próprias imagens locais, na busca da originalidade, das raízes, *versus* vulgarização das manifestações tradicionais e arrogância cultural;
- Aumento da quantidade de empregos *versus* desqualificação da mão-de-obra e empregos temporários;
- Entrada de divisas *versus* elevação dos preços dos produtos e especulação imobiliária.

A inversão produzida pelo turismo de massa tem por objetivo readequar o local visitado para os visitantes, não focalizando a qualidade de vida da população residente. Com isso, provoca-se a desordem ecológica, psicológica, cultural e socioeconômica do local e de toda sua região.

A alteração deste quadro, no entanto, poderá ocorrer com a mudança da mentalidade a respeito do objetivo de se viajar, em que a finalidade não seja apenas consumir os "bens" do turismo e sim vivenciar a realidade do local visitado como uma forma de aprendizagem e de viver uma nova experiência.

Ao desenvolver a atividade nessas localidades potencialmente turísticas, deve-se desenvolver locais e outras formas de lazer em que todos, turistas e moradores, possam desfrutá-los em comum, independente de ser rotulado como turista ou até mesmo de morador, pois hoje o que normalmente ocorre é a construção de atrativos somente voltados para o turista, sem preocupação maior com a população.

É sob esta perspectiva que propomos apresentar, através das lendas, um atrativo que busque resgatar o folclore da região, tendo como meio um evento cultural que venha de encontro aos anseios da população local pelo lazer, apresentando, por exemplo, danças, músicas, teatros baseados nas lendas da localidade*.

Este festival servirá de base para um fundo muito maior, que é o conhecimento da população dos costumes de seus antepassados, trazendo à tona toda uma "cultura oculta". Isto é uma proposta que será real partindo-se do princípio de que todos podem aproveitar o tempo

---

* Esta foi uma das propostas no trabalho de conclusão do curso de Turismo na Unioeste, que buscava valorizar e divulgar as lendas regionais para a população através de um Festival Cultural e de Coletânea das Lendas Regionais, de maneira que a própria população local e regional as conhecesse. Pois, por exemplo, a maioria das pessoas residentes em Foz do Iguaçu não conhece o atrativo "Cataratas do Iguaçu", e muitos não conhecem a Lenda das Cataratas - Naipi e Tarobá - a qual faz referência à criação das quedas.

de lazer como um campo de aprendizado e de experiência para o cotidiano, bem como para entrar em contato com novas culturas* ou até para conhecer melhor a sua, minimizando ao máximo os impactos negativos que podem causar essa interação (turismo-turista-autóctones). O turismo seria um enriquecimento humano e continuaria fornecendo meios para expandir a economia local e regional.

Independente do tipo de turismo que se busque numa localidade, deve-se ter em mente que já existe uma comunidade vivendo no local. Este local foi a comunidade que construiu e ambos - local e comunidade - não podem ser considerados meros produtos, pois "quando um produto deixa de ser comprado, os fabricantes o descartam e o substituem por outro. Só que, no caso do turismo, o "produto" são populações inteiras que, quando os turistas não quiserem como objeto de consumo, não poderão ser jogadas no lixo. O que será feito então?"[1].

Esta pergunta nos faz uma reflexão lógica e, ao mesmo tempo, trágica do "consumo turístico". Entretanto, é através dele que se deve buscar uma verdadeira identidade nacional e local. Além disso, o turismo não é feito somente de turistas e de um lugar maravilhoso para se visitar, mas também de uma população, de pessoas que têm muito para dar, mas que também querem receber.

Quando as pessoas se unem para um bem comum, tudo se transforma, melhorando sua própria qualidade de vida. Isto é extremamente importante e independe do turismo. Neste sentido, o turismo seria um vetor, uma conseqüência de boas atitudes e decisões realizadas em conjunto.

A comunidade é a "cara do local", começando pela sua hospitalidade, crenças, costumes e até mesmo pelo estilo autêntico de ser. É isto que o turista quer, é isto que o turismo quer: autenticidade, ser "o único" e, se analisarmos mais profundamente, verifica-se que cada lugar possui estas características, muitas vezes escondidas ou esquecidas mas, sem dúvida nenhuma, fazem parte da sua história.

Neste setor, o autêntico deve acontecer de forma natural, não como algo transplantado. Por exemplo, de nada adianta construir um mega-empreendimento se a localidade não é incorporada ou se somente estes empreendimentos são "inseridos" nela, como é o caso

---

* A palavra cultura está sendo utilizada em linguagem figurativa, pois ela não possui data nem local.

dos *resorts*. Estes têm seu grau de importância quando trabalhados em benefício da localidade, não somente para si próprios, pois no turismo tudo é relativo, cada atitude tem uma conseqüência que pode ser tanto positiva como negativa dependendo da "natureza" de cada empreendimento.

A idéia não é somente criticar os malefícios causados pelo uso indevido do turismo, mas também utilizá-lo como um mero desabafo pelo descaso que, às vezes, ele reflete na sociedade. Cabe ainda mostrar a importância das pessoas no turismo. Não só as pessoas que trabalham em prol dele, mas também a população e seus aspectos socioculturais devem ser inseridos nesse contexto. Embora ambos sejam tratados como coadjuvantes, eles merecem o papel principal nesta grande obra de arte descrita pelo homem e para o homem que é o turismo.

CONCLUSÃO

Como se sabe, o turismo surgiu a partir do século XIX com a obtenção do tempo livre remunerado e se expandiu como um dos fenômenos mais importantes para economia de diversas cidades, sendo também considerado uma atividade de descanso e prazer. Porém, seus impactos negativos entram em conflito com os benefícios produzidos, fundamentalmente se observada a relação autóctones *versus* visitante.

Mesmo com esse desequilíbrio, o fenômeno do turismo, sem dúvida, se bem planejado, é uma poderosa arma para ampliar o crescimento socioeconômico e cultural de uma localidade. Caso se planejasse o turismo com a valorização da sociedade local e regional, bem como se planejasse sua economia, sua cultura e seu "meio ambiente" de forma harmoniosa, aumentariam os benefícios e minimizariam os impactos negativos deste fenômeno, criando oportunidades de "encontros" entre a população local e os turistas.

Referências Bibliográficas

1. BARRETTO, M. *Turismo e Legado Cultural.* Campinas, Papirus, 2000.
2. BENI, M.C. *Análise Estrutural do Turismo.* São Paulo, SENAC, 1998.
3. CASTELLI, G. *Turismo – Atividade Marcante do Século XX.* Caxias do Sul, Editora da Universidade de Caxias do Sul, 1996.
4. COIMBRA, R. *Assassinatos na Hotelaria: ou como Perder seu Hóspede em Oito Capítulos.* Campinas, Casa da Qualidade, 1998.

5. KRIPPENDORF, J. *Sociologia do Turismo - Para uma Nova Compreensão do Lazer e das Viagens.* Rio de Janeiro, Civilização Brasileira, 1989.
6. MACCALI, R.M.C. *Teoria e Técnica do Turismo II - Panorama dos Mercados Turísticos Mundiais e Nacional.* Apostila curso de Turismo. Foz do Iguaçu, Unioeste, 1999.
7. THOMAZI, S.T. *Teoria Geral do Turismo.* Apostila (Pós-graduação). Foz do Iguaçu, CEDEMPT, 2001.
8. TRIGO, L.G.G. *Turismo e Qualidade: Tendências Contemporâneas.* Campinas, Papirus, 1996.
9. URRY, J. *O Olhar do Turista: Lazer e Viagens nas Sociedades Contemporâneas.* São Paulo, Studio Nobel, 1996.

Capítulo 5

Legado Cultural do Médio Vale do Itajaí: uma Proposta de Planejamento da Oferta Turística

GIANCARLO MOSER
MARCELO FOUQUET ROSEMBROCK
SÉRGIO CADORE

Resumo

O legado cultural do médio vale do Itajaí (SC) foi objeto de intensa colonização européia no final do século XIX e início do século XX, principalmente de italianos e alemães, que deixaram marcas indeléveis nos usos e costumes dos atuais habitantes do Vale. Planejar e dimensionar este legado são fundamentais para estabelecer uma política estratégica de oferta turística para este potencial cultural, promovendo este produto que, além das festas tradicionais organizadas principalmente no mês de outubro, podem vir a ser um diferencial na economia da região, trazendo turistas e preservando as culturas originárias da Europa.

Palavras-chave: *Turismo e legado cultural; Médio Vale do Itajaí; Colonização italiana; Colonização alemã; Turismo e qualidade de vida; Planejamento de turismo cultural.*

Introdução

A tradição cultural representada através da arquitetura, gastronomia e música tem suas origens nos primórdios da colonização européia no "Médio Vale do Itajaí" e continua sendo expressivamente vivida pelos descendentes diretos daqueles que aqui chegaram a partir da segunda metade do século XIX.

Este trabalho pretende mostrar a importância da manutenção dos usos e costumes aos visitantes oriundos do Brasil e até mesmo do exterior, mostrando um pouco das belezas naturais da região incrementadas com as tradições culturais de origem européia ainda presentes em nosso dia-a-dia.

Na composição étnica do Médio Vale do Itajaí podemos encontrar grupos de alemães, italianos, poloneses, belgas, suíços e tantos outros povos europeus os quais conservam, até os nossos dias, traços da língua, gastronomia e arquitetura trazidas pelos primeiros imigrantes.

Cultura e Turismo

Considerando-se a cultura mister imprescindível na tentativa de propor uma política de gestão de bens culturais ou patrimoniais históricos para uma possível aplicação como oferta turística, não se trata apenas de definir se o objeto ou os objetos culturais possuem atrativos que possam apresentá-los como uma possível oferta, mas sim de apresentar uma política de gestão que possa ao mesmo tempo elaborar estratégias competentes para a viabilização dos bens e patrimônios culturais e, posteriormente, atrelar a sua conservação e aplicabilidade como oferta e atrativo turístico.

Se tomarmos emprestado da sociologia um conceito* de cultura ou de bens culturais, encontraremos em Kluckhohn e Malinowski (*apud* Oliveira[3]), respectivamente, as definições de cultura como "a vida total de um povo, a herança social que o indivíduo adquire de seu grupo, ou pode ser considerada a parte do ambiente que o próprio homem criou" ou "artefatos, bens, processos técnicos, idéias, hábitos e valores herdados". A aquisição e a perpetuação da cultura

* Cultura possui um sem número de definições. Optou-se por buscar em autores clássicos da sociologia e da antropologia, como Kluckhohn e Malinowski, um conceito mais abrangente.

é um processo social - e não biológico - resultante da aprendizagem. Cada sociedade transmite às novas gerações o patrimônio cultural que recebeu de seus antepassados.

Com efeito, nossa sociedade formulou conceitos restritivos e deformantes de cultura, de valores culturais, de bens culturais, que se projetam também num certo tipo específico de "uso", restritivo e gerador de deformidades, ainda que apresentado como nobilitante, mas, na realidade, desqualificador de outros usos e funções.

Turismo e o Legado Cultural

Partimos da premissa de considerarmos o turismo um dos melhores meios de promoção da economia de um país, pois esta atividade, hoje, em vertiginoso crescimento em todo o mundo, vem auxiliando e possibilitando o incremento socioeconômico das mais diversas regiões e, assim, expandindo o mercado de trabalho, gerando empregos e propiciando uma distribuição de renda mais justa.

O turismo ocupa geralmente um lugar de destaque nos programas de desenvolvimento comunitário e social. Embora o turismo de praias e o turismo rural tenham diferenças fundamentais, ambos devem calçar suas ações em propostas de sustentabilidade, pois, no litoral, a costa oferece a atração universal do mar e das praias enquanto, no campo, o turista estará mais à procura de um universo diferente, escolhido pelas peculiaridades da vida rural[10].

O legado cultural de uma comunidade é igualmente pretexto para numerosas atividades turísticas. Contudo, muitas vezes, estas se resumem a uma visita a uma catedral, sem animação ou alguma valorização especial. Pelo contrário, algumas iniciativas turísticas utilizam os recursos culturais, principalmente os arquitetônicos, de várias maneiras, sempre no intuito de resgatar, fomentar e possibilitar ao turista uma vivência diferente da sua experiência cotidiana.

Pode-se considerar o patrimônio cultural de uma população como um recurso a serviço do desenvolvimento sustentável, pois o patrimônio tem valor por si só, pois se constitui ao mesmo tempo a memória coletiva da população e um potencial recurso para o seu futuro.

Barretto[1] diz que o entendimento de "patrimônio cultural possuía até pouco tempo atrás um sentido restrito, pois só era entendido como as obras de arte no espaço, ou seja, a pintura, a escultura e a arquitetura. Mas existem outras artes, aquelas que transcorrem no tempo, como a dança, a literatura (o teatro incluído) e a música. Também são parte do patrimônio cultural artístico, mas, por não terem a mesma materialidade que os anteriores, é complexa sua qualificação como bens, donde sua quase permanente exclusão das preocupações oficiais com a questão do patrimônio".

Ampliando a discussão, entendemos que atualmente há consenso de que a noção de patrimônio cultural é muito mais ampla, que inclui não apenas os bens tangíveis com também os intangíveis, e esclarecemos que sob esta ótica o termo "legado cultural" é mais apropriado do que "patrimônio", como também não só as manifestações artísticas, mas todo o "fazer humano", e não só aquilo que representa a cultura das classes mais abastadas, mas também o que representa a cultura dos menos favorecidos.

A Convenção do Patrimônio Mundial da Unesco (Organização das Nações Unidas para a Educação, a Ciência e a Cultura)*, em 1972[1], define patrimônio cultural como:

- *Monumentos:* obras de arquitetura, escultura e pintura monumental, elementos ou estruturas de natureza arqueológica, inscrições, cavernas e combinações destas que tenham um valor de relevância universal do ponto de vista da história, da arte ou das ciências;
- *Conjunto de edificações:* conjunto de edificações separados ou conectados, os quais, por sua arquitetura, homogeneidade ou localização na paisagem, sejam de relevância universal do ponto de vista histórico, da arte ou das ciências;
- *Sítios:* obras feitas pelo homem ou pela natureza e pelo homem em conjunto, e áreas que incluem sítios arqueológicos que sejam de relevância universal do ponto de vista da história, da estética, da etnologia ou da antropologia.

A importância do patrimônio cultural de uma localidade, ainda que seja modesto, é objeto de um consenso cada vez maior e mais amplo na sua abordagem. O desafio atual é como integrar melhor a proteção e a valorização do patrimônio numa abordagem local de desenvolvimento.

Defensores do patrimônio e atores do desenvolvimento local são parceiros. Os programas de desenvolvimento devem integrar

* Maiores informações sobre patrimônio histórico e arquitetônico estão disponíveis no endereço www.iphan.gov.br

na sua abordagem a valorização do patrimônio, travar as ameaças que põem em perigo e valorizá-lo tanto quanto possível. Reciprocamente, os defensores do patrimônio devem ter em conta as necessidades do desenvolvimento local e aproveitar todas as oportunidades de sinergia que apresentam.

Barretto[1] diz que "a revitalização de bairros inteiros para consumo cultural e turístico, sobretudo em áreas centrais ou portuárias de cidades, também tem sido uma forma de permitir a conservação das construções históricas existentes neles. A reutilização de prédios velhos e mesmo armazéns com finalidade cultural ou recreativa, para o lazer da população local ou dos turistas, e a aquisição dessas casas para moradia por intelectuais ou pessoas que procuram um contato com o passado, levam a uma valorização do local".

É preciso salientar que o tombamento de prédios de valor histórico pressupõe apenas que eles não poderão ser alterados em sua aparência externa. Dentro, podem ser realizadas modificações, ser colocado ar-condicionado e ser construídos banheiros etc.

Entende-se que, para o patrimônio, a melhor opção para eludir a ação inexorável do tempo parece ser a conservação, que permite viabilizar economicamente a manutenção dos bens culturais, móveis ou imóveis, e fundamentalmente a utilização dos bens como equipamentos turísticos, o que implica transformá-los em museus, mas dentro das propostas novas, em que os museus sejam equipamentos capazes de despertar o interesse na visitação por parte dos turistas.

A cultura do médio vale do Itajaí, trazida pelos primeiros colonizadores, apresenta uma diversidade de tradições, costumes e lembranças que ainda hoje são mantidas por seus descendentes. Esta cultura está expressa tanto na gastronomia quanto na arquitetura, ou mesmo no idioma, nos detalhes das festas, nos encontros com amigos, quando a prática do tiro ao alvo ou nos jogos de bocha, ou mesmo no *skat* (alemães) ou *mora* (italianos) fazem relembrar seus antepassados.

Turismo e Qualidade de Vida

No caso específico do Brasil, o turismo cultural é uma modalidade de crescente demanda e a oportunização de localidades para o seu desenvolvimento é fundamental. Segundo o IBGE (Instituto Brasileiro de Geografia e Estatística)[2], o turismo impacta 52 segmentos diferentes da economia, empregando, em sua cadeia, desde a mão-de-obra mais qualificada, em áreas que se utilizam desde alta tecnologia (transportes e comunicação) até as de menor qualificação, tanto no emprego formal quanto no informal.

Entre as vantagens do turismo como fonte geradora de empregos, entre outras, destacam-se a facilidade com que promoções e novos investimentos geram empregos, sem esquecer a peculiaridade de gerar vagas em áreas com desemprego estrutural, como centros de cidades e áreas rurais e promover a melhoria na qualidade de vida dos membros da comunidade pois, segundo Sejenovich (1996), "a partir do vínculo dinâmico entre o indivíduo e seu ambiente, donde a satisfação das necessidades implica a participação contínua e criativa do sujeito na transformação da realidade. Isso significa um processo em que o conflito dinamiza e impulsiona o desenvolvimento tanto individual como social. Significa também situações sempre em mudanças nas que existe um projeto futuro. O sujeito individual ou coletivo percebe suas necessidades e satisfações e avalia a qualidade de vida desde seu próprio pensamento, que está determinado pelo lugar ocupado por este sujeito na estrutura social, num momento determinado e em uma sociedade determinada".

Maslow[4] estabelece uma pirâmide onde estariam dispostas suas prioridades para ter-se qualidade de vida. Na base desta pirâmide estariam as necessidades fisiológicas de satisfação do homem, sede, sexo, vestimenta e moradia; mais acima assinala a segurança, tranqüilidade, ordem e estabilidade; integram o terceiro nível o sentido de propriedade e a necessidade de amor; num quarto nível estaria a estimativa incluindo o respeito a si mesmo e o sentimento de êxito; no ápice da pirâmide estaria a auto-realização para chegar-se a um desenvolvimento pleno quanto à perfeição e criatividade. Teixeira[9] destaca que "característica importante do turismo é que todo o proveito decorrente da fruição dos serviços postos à disposição do turista serve da mesma forma para melhorar a qualidade de vida do cidadão local, à medida que, além de, sendo um grande gerador e distribuidor de riqueza, melhorará substancialmente os níveis de emprego e renda das comunidades que os exploram, colocará à disposição da população nativa uma variedade de serviços que só a ampliação do mercado consumidor, proporcionado pela chegada dos contigentes de turistas com tempo disponível para lazer e com nível de renda compatível com os melhores da região, pode justificar".

Além dos crescentes benefícios econômicos, o turismo traz benefícios sociais, ampliando o mercado de trabalho e melhorando a infra-estrutura de lazer. Por este último, são beneficiadas crescentes faixas da sociedade brasileira que participam do turismo, como também os moradores das regiões turísticas. Ao contrário da indústria, o produto turístico não vai ao consumidor, mas o consumidor vai ao produto, e este consiste em um conjunto de serviços cuja qualidade é altamente dependente de fatores externos, como da qualidade de infra-estrutura urbana e do meio ambiente[9].

O Planejamento do Turismo Cultural

Esta característica do produto turístico torna, portanto, necessário o seu planejamento em nível de pólo turístico (município ou microrregião). Uma outra característica que ratifica ainda mais esta necessidade é a de que o produto turístico é vendido normalmente por um número considerável de pequenos empreendimentos e um grande número de clientes. E cada entidade atuante neste mercado consegue realizar uma pequena parcela do *marketing*. A implantação de um *marketing* eficiente exige esforços coordenados e em longo prazo, por isso é necessário o planejamento. Sabemos que muitos Estados são privilegiados em termos de atrativos turísticos. A somatória de atrativos naturais e culturais locais fornecem uma diversificação de produtos turísticos dos mais importantes do Brasil. Além desta riqueza de atrações, possuem também uma razoável infra-estrutura instalada em termos de meios de hospedagem e serviços de apoio. Não obstante, esse desenvolvimento sem planificação tem acarretado problemas diversos, como urbanização excessiva, problemas de poluição ambiental, depredação dos recursos naturais e culturais, sazonalidade dos fluxos turísticos, entre outros. Estes problemas se acumularão de tal forma que acabarão por deteriorar a qualidade do produto turístico. Petrocchi[5] indica que planejamento turístico surge, portanto, como uma opção para o ordenamento deste crescimento, maximizando seus benefícios e minimizando seus prejuízos. A existência de um plano que balize e oriente a ação governamental e dos agentes privados é uma condição necessária para a desconcentração geográfica e temporal dos fluxos turísticos, para a preservação do patrimônio turístico (natural e cultural), para a maximização dos benefícios econômicos e sociais do Estado e para viabilizar a exploração de novos segmentos do mercado. É possível observar que a tarefa de planejamento só será eficiente na medida em que integrar, na sua implementação, a soma dos setores envolvidos no processo: Estado, Municípios e comunidade.

Petrocchi[5] adverte que "quando se elabora um estudo de planejamento estratégico, além da necessidade de conhecimento profundo do mercado passado e no presente, surge a necessidade de prever o mercado no futuro". O planejador deve ter a macrovisão, ou seja, a visão de tudo que ele precisa para ordenar a gestão e promover o desenvolvimento do turismo, e *deve também recorrer aos especialistas* de outras áreas do conhecimento humano no momento da elaboração de um plano turístico, evidenciando, assim, o caráter multidisciplinar que envolve os estudos da atividade e do planejamento do turismo.

Os planos que serão efetuados em comunidades de interior que podem desenvolver o turismo devem seguir basicamente esta linha de ação, a qual sugerimos a seguir e que é adaptada basicamente do modelo proposto por Barretto[1]. Contudo, para melhor esclarecimento da adaptação deste processo do planejamento, fazemos uma síntese de sua proposta:

- *Estudo preliminar:* estudo de campo e bibliográfico para detectar possíveis atrativos;
- *Escolha e delimitação da zona:* delimitação de uma área na qual estejam os atrativos históricos (cidade, região) ou de locais onde esses atrativos estejam concentrados (rua, bairro);
- *Estudo diagnóstico:* verificação da quantidade e avaliação da qualidade dos principais atrativos. Verificação da quantidade e da qualidade das estradas e/ou ruas ou de outro tipo de via de acesso ao atrativo;
- *Definição de objetivos e metas:* definição de quais resultados pretende-se obter com o planejamento em termos sociais, econômicos, pedagógicos e turísticos;
- *Escolha de alternativas de intervenção:* elaboração de uma proposta de integração do atrativo num produto turístico mais amplo;
- *Implementação:* elaboração de orçamentos preliminares e procura de recursos financeiros próprios ou de investidores. Reuniões com membros da comunidade afetada para encontrar a melhor forma para que todos sejam beneficiados com a proposta;
- *Implantação:* dimensionamento das possibilidades de aproximação do público com o atrativo. Verificação da forma de

obter ângulo e condição de observação confortável para monumentos e obras de arte, sem comprometer sua integridade. Verificação das instalações, do mobiliário, da forma de circulação em prédios revitalizados. Aprofundamento na história, nos estilos arquitetônicos, nas escolas artísticas etc.;

- *Execução e controle:* verificação da utilização dos equipamentos conforme o plano e ajuste de detalhes para melhorar tanto a experiência turística quanto os benefícios sociais.

O Potencial Turístico do Médio Vale do Itajaí

O século XIX foi marcado por um intenso movimento imigratório europeu no Brasil, como parte de uma política estratégica do governo de D. Pedro II na tentativa de ocupar as terras do Brasil meridional e substituir a crescente falta de mão-de-obra escrava, já em desuso na maioria dos países escravocratas e sob rígidas leis de controle e proibição da Inglaterra*.

Em 1850, o empreendedorismo de Hermann Bruno Otto Blumenau aportou no sul do Brasil, mais precisamente às margens do Rio Itajaí-Açu, juntamente com 17 imigrantes vindos da Alemanha e ali iniciaram um novo projeto de colonização no Vale do Itajaí. Em 2 de setembro deste mesmo ano iniciaram-se as atividades da colônia de Blumenau.

No ano de 1875, chegaram a esta colônia grupos de italianos, provenientes do Tirol Austríaco e, um pouco mais tarde, poloneses, suíços, belgas e outros povos europeus que colonizaram às margens do Rio Itajaí-Açu e alguns de seus afluentes. Lentamente, pequenas vilas foram surgindo e formaram o que é hoje conhecido como o Vale Europeu**, inserido no médio vale do Itajaí, que compreende as seguintes cidades: Presidente Getúlio, Rodeio, Blumenau, Pomerode, Ascurra, Apiúna, Indaial, Timbó, Ibirama, Gaspar, Rio dos Cedros, Doutor Pedrinho, Benedito Novo, José Boiteux.

---

* Ver Schwarcz[8], onde a autora cita uma terceira, porém, polêmica estratégia do governo de D. Pedro II, que seria a tentativa de trazer elementos europeus para o império para o "branqueamento" da população brasileira que, na época, tinha a característica de ser uma população maciçamente negra.

** A SANTUR (Empresa estatal de Turismo) classifica o Estado de Santa Catarina em rotas distintas, sendo o Vale do Itajaí conhecido como a rota do Vale Europeu. Maiores informações, ver www.sc.gov.br/websantur

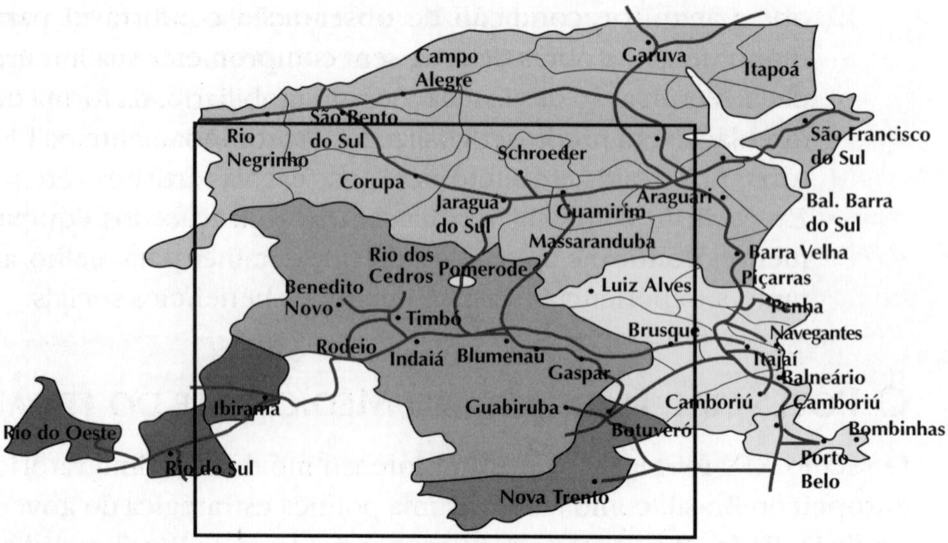

Figura 5.1 – O médio vale do Itajaí em Santa Catarina. Fonte: Secretaria de Educação de Santa Catarina, 2002.

Figura 5.2 – Santa Catarina e o Vale do Itajaí. Fonte: http://www.furb.br/forummvi/hp/saibamais/informacoes.html, 2002.

Convivendo com a exuberância de fauna e flora, característica da Mata Atlântica que aqui estes desbravadores encontraram, foram surgindo cidades similares às deixadas no antigo continente europeu. Inicialmente o trabalho empreendeu-se na recém-formada colônia de Blumenau.

Com o crescimento populacional e o trabalho árduo na lida com a terra, começaram a surgir iniciativas visando ao lazer e divertimento para os imigrantes e seus filhos já nascidos na nova pátria, destacando-se como uma forma de manter vivas a cultura original e a tradição cultural dos pioneiros.

Inicialmente, foram criados os Clubes de Atiradores ou *Schützenvereine*, onde os imigrantes se reuniam e promoviam bailes e festas, cultuavam as tradições culturais, folclóricas e tradicionais. Desta mesma forma, os outros imigrantes que aqui chegaram e se instalaram às margens do Rio Itajaí-Açu e seus afluentes trouxeram em sua bagagem as tradições arquitetônicas, gastronômicas e folclóricas, contribuindo para o enriquecimento e a miscigenação entre duas culturas, a alemã e a italiana, principalmente*.

Recentemente, foram criadas novas atrações que resgataram as tradições que haviam sido esquecidas, ou guardadas na memória, devido às Guerras Mundiais, que trouxeram muita perseguição aos grupos imigrantes do Sul. O próprio idioma teve que ser restrito a clubes fechados por um grande período do entre-guerras e mesmo no pós-guerra. Famílias alemãs e italianas foram perseguidas, muitas abrasileiraram seus sobrenomes** e mudaram suas características de viver. Mas as tradições sobreviveram a tudo e hoje são lembradas e mantidas pelos descendentes que aqui continuaram a viver.

Assim sendo, o médio vale do Itajaí mantém vivas as tradições através de diversas festas, relacionadas na Tabela 5.1.

Há, ainda, a arquitetura, que permanece preservada nos casarios antigos pertencentes aos diversos povos que se estabeleceram no médio vale do Itajaí. Alguns deles foram transformados em museus que contam um pouco da história de antepassados, história que continua presente no dia-a-dia de cada cidadão nos locais relacionados na Tabela 5.2.

CONCLUSÃO

O legado cultural verificado ao longo de todo o sul do Brasil e, mais precisamente, na região do médio vale do Itajaí, constitui-se em um importante produto que, devidamente consubstanciado e planejado, tornar-se-á uma oferta turística ímpar, destacando, porém, que já existem festas de tradições que atraem dezenas de milhares de

* Ressalva-se que várias culturas européias ocuparam espaços contíguos e sofreram um rápido processo de miscigenação, principalmente com o elemento alemão, dadas as peculiaridades do idioma. Contudo, pode-se destacar elementos oriundos das culturas polonesa, austríaca, ucraniana, russa, entre tantas outras.

** Ver OCHNER, M.S. *História de São Pedro de Alcântara*. Florianópolis, UFSC, 1976.

Tabela 5.1 – Festas típicas no Vale do Itajaí

Acontecimento	*Tradição*	*Local*	*Tipo*
La Sagra	Italiana	Rodeio	Gastronomia, Dança, Música
Festa Pomerana	Alemã	Pomerode	Gastronomia, Dança, Música, Artesanato
Festa Itália	Italiana	Blumenau	Gastronomia, Dança, Música
Festa Trentina	Italiana	Rio dos Cedros	Gastronomia, Dança, Música
Festa Per Tutti	Italiana	Ascurra	Gastronomia, Dança, Música, Artesanato
Festa da Lingüiça	Alemã	Indaial	Gastronomia, Dança e Música, Artesanato
Festa do Imigrante	Todos os que colonizaram o Médio Vale do Itajaí	Timbó	Gastronomia, Dança e Música, Artesanato
Weinachtsmarkt	Alemã	Ibirama	Artesanato e Gastronomia
Östermarkt	Alemã	Pomerode	Artesanato e Gastronomia
Oktoberfest	Alemã	Blumenau	Gastronomia, Dança e Música, Artesanato
Rei do Bolão e do Tiro	Alemã	Em todas as cidades de colonização alemã	Gastronomia, Música e Dança
Rei do Tiro	Alemã		Gastronomia, Dança e Música.
Grupos Folclóricos	Alemã e Italiana	Cidades colonizadas	Dança e Música
Bandas e Bandinhas	Alemã e Italiana	Cidades colonizadas	Dança e Música

Tabela 5.2 – Museus situados no Vale do Itajaí

Museu	*Cidade*
Museu do Escultor	Pomerode
Museu da Cerveja	Blumenau
Museu e Mausoléu da Família Colonial	Blumenau
Museu do Cristal	Blumenau
Museu da Água	Blumenau
Casa do Imigrante Carl Weege	Pomerode
Museu Ecológico Fritz Muller	Blumenau

turistas para a região, nas chamadas festas de outubro, tendo como carro-chefe a Oktoberfest de Blumenau.

Contudo, este legado não é somente traduzido em festas que mantêm características das culturas originais alemãs e italianas, mas em um passado rico de produção cultural traduzida, principalmente, na arquitetura ímpar da região, que mescla o Tirol Italiano e seus sobrados de madeira com o Enxaimel alemão. O carregado acento e a pronúncia peculiar da língua portuguesa da região são derivados da fusão com os idiomas alemão e italiano, que confere ao falar uma característica única. Outro destaque cabe à culinária da região, que abraça elementos diversos, não sendo somente os pratos alemães e italianos a tônica, mas misturando em uma mesma mesa o legado do gaúcho, conhecido como churrasco; o legado nativo indígena, com o aipim (mandioca); o legado afro-brasileiro, com a tradicional feijoada e seus derivados, entre tantos outros.

Visitar a região do médio vale do Itajaí é confrontar um novo horizonte na experiência de qualquer turista, pois a diversidade colocada a serviço de todos os sentidos provoca, inequivocamente, a sensação de transporte no tempo e no espaço, agregando um imenso valor cultural ao visitante.

Referências Bibliográficas

1. BARRETTO, M. *Turismo e Legado Cultural*. Campinas, Papirus, 2001.
2. BENI, M.C. *Análise Estrutural do Turismo*. São Paulo, Senac, 1998.
3. OLIVEIRA, P.S. *Introdução à Sociologia*. São Paulo, Ática, 1997.
4. MASLOW, A. *Motivation and Personality*. New York, Harper Books, 1987.
5. PETROCCHI, M. *Turismo - Planejamento e Gestão*. São Paulo, Futura, 1999.
6. PETRY, S.M.V.; FERREIRA, C. *Um Alemão nos Trópicos*. Blumenau, FURB, 1998.
7. SANTOS, R.I.C. *Imigração Italiana: Mito e Realidade*. Itajaí, Univali, 1998.
8. SCHWARCZ, L.M. *As Barbas do Imperador*. São Paulo, Companhia das Letras, 1998.
9. TEIXEIRA, E.L. *Gestão da Qualidade em Destinos Turísticos*. São Paulo, Qualitymark, 2000.
10. ZIMMERMANN, M. *Planejamento de Turismo Cultural*. Florianópolis, do Autor, 1996.

Capítulo 6

Resgate Cultural e Oportunidades do Turismo em Ouro Preto

VALDIR JOSÉ DA SILVA
CRISTIANO ARAÚJO BORGES
VANESSA ANDRADE ROSA

Resumo

Neste trabalho, procuramos demonstrar como o município mineiro de Ouro Preto, cidade monumento da humanidade, onde o turismo nasceu de forma espontânea em detrimento de seu conjunto arquitetônico e do imaginário coletivo que comunga da necessidade de buscar no passado referências da história, vem se preocupando com a formatação do seu produto turístico. Abordamos aqui a necessidade do planejamento e, dentro dele, destacamos a importância do resgate e da promoção das atividades culturais da comunidade como um produto genuíno e tradicional de fomento do turismo. Discutimos a necessidade da comunidade autóctone se sentir agente do "fazer" turismo e sentir que, dentro desse processo, ela pode ser a maior beneficiária, a partir da preservação, promoção e divulgação de seu maior bem - o patrimônio cultural, valorizando suas histórias, e resgatando sua auto-estima.

Palavras-chave: *Ouro Preto; Comunidade autóctone; Resgate cultural; Oportunidades.*

INTRODUÇÃO

O turismo em Ouro Preto desenvolveu-se naturalmente, sem estudo, planejamento e até mesmo sem o interesse anterior da comunidade. Como na grande maioria das localidades turísticas, o fenômeno surge anteriormente, provocando uma demanda de organização adequada, uma vez que o surgimento da atividade turística provoca toda sorte de impactos, tanto positivos como negativos. Dessa forma, a comunidade desperta para os interesses positivos e tenta resguardar-se dos negativos, necessitando de uma organização racional para um desenvolvimento adequado e harmônico da atividade turística.

Todos sabemos o relevante papel histórico cultural da antiga Vila Rica, que se constitui no maior acervo arquitetônico tombado como patrimônio da humanidade, tendo ali registrado os momentos mais expressivos da história de nosso país. Sendo assim, a atração que exerce sobre as pessoas é inegável e incorrigível. Por isso, constitui-se em uma das principais cidades turísticas do Brasil, fato que poderia ser uma grande oportunidade para a promoção da qualidade de vida da população ouropretana.

No entanto, o que percebemos ao longo do tempo é um completo desequilíbrio do fenômeno turístico ali existente. A população ouropretana sente-se completamente à parte do processo de desenvolvimento turístico. A exceção fica por conta de alguns comerciantes que são diretamente atingidos pelos efeitos econômicos da atividade, dentro de uma visão imediatista de lucro que tem levado à constante exploração de turistas.

O poder público, de um modo geral, tem alegado que o ônus do desenvolvimento turístico é muito maior que os benefícios, demonstrando com isso uma visão distorcida do turismo, colocando-o como atividade contrária aos interesses da população.

Não obstante a tudo isso, nos últimos dois anos, temos percebido muitas iniciativas importantes no que diz respeito ao desenvolvimento turístico de Ouro Preto. Alguns fatos são muito significativos e muito têm contribuído nesse aspecto, como as parcerias do SEBRAE (Serviço de Apoio às Micro e Pequenas Empresas), SENAC (Serviço Nacional de Aprendizagem Comercial), Associação Comercial, Fundação Aleijadinho, Instituto Bandeirante - Empresa Júnior do curso de Turismo da UFOP (Universidade Federal de Ouro Preto), a construção do Centro de Convenções da UFOP - Parque Metalúrgico, a implantação dos cursos de Turismo: Escola Técnica Federal de Ouro Preto - pós-médio e UFOP - bacharelado.

Essas instituições, ao lado de iniciativas do poder público estadual, como a criação da Associação Circuito do Ouro, do Instituto Estrada Real e outros, têm provocado importantes iniciativas para o início de um planejamento que levará ao adequado desenvolvimento turístico. Têm sido organizados ciclos de estudos, debates, planos de desenvolvimento que procuram envolver a população, os empresários e o poder público, promovendo a sinergia entre essas três esferas na busca de ações que fomentem o turismo, visando à qualidade de vida da comunidade autóctone.

É exatamente no bojo dessas iniciativas que nos propomos a esse trabalho, na tentativa de, com base em um estudo sociológico do fenômeno turístico em Ouro Preto, propor o aperfeiçoamento da relação turística baseada na maior interação entre o turista, a comunidade ouropretana e os trabalhadores do turismo. Entendendo que isso somente será possível através de um resgate cultural, que representa a vida dessa população, que deveria entender-se também como patrimônio da humanidade e sentir orgulho disso, para dessa maneira aproveitar as mais variadas formas de oportunidades que o turismo poderá lhes proporcionar. A dimensão histórico-cultural de Ouro Preto vai muito além de seu belíssimo e representativo acervo arquitetônico. Quantas histórias não há escondidas atrás daquelas paredes? Quantos autóctones não estarão dispostos a mostrar suas relíquias e terem aí grandes oportunidades de desenvolvimento? Quantos turistas não ficariam muito mais tempo ali e voltariam muito mais satisfeitos por terem vivido Ouro Preto, não apenas conhecido?

Análise Sociológica: os Grupos Sociais Envolvidos

Ouro Preto tem uma formação social muito particular, própria de uma cidade que, ao mesmo tempo em que precisa preservar suas riquezas históricas e culturais, também precisa desenvolver e integrar-se ao mundo moderno, tanto no aspecto econômico como social, político e cultural.

Esse paradoxo faz com que a comunidade autóctone, com seus tradicionais hábitos e costumes, vivendo em um local característico do passado que precisa de preservação, tenha que conviver com grupos sociais pouco ou nada comprometidos com a manutenção desses valores e que proporcionam impactos de toda ordem, tanto positivos como também negativos.

Dentre os principais grupos que ali convivem destaca-se, em primeiro lugar, a comunidade autóctone que, como foi dito anteriormente, não se percebe como integrante do conjunto do patrimônio da humanidade, dessa forma, não se percebendo agente da cadeia turística. Como o desenvolvimento da atividade turística se deu de forma espontânea e natural, a população local se sente à margem, excluída do processo turístico.

Em seguida, destacamos os estudantes universitários que se deslocam de várias partes do Brasil para lá usufruírem dos mais variados cursos superiores oferecidos pela UFOP que, por sua tradição nos cursos das áreas de Metalurgia, Geologia, Farmácia, dentre outros, provoca uma verdadeira corrida de estudantes que estão ingressando na universidade.

Esses estudantes, na maioria das vezes, agrupam-se em repúblicas, que são particulares ou mesmo oficiais mas que, independentemente disso, possuem uma característica bem própria em Ouro Preto, que é a perenidade. Embora os componentes se alternem - na medida em que uns se formam e novos calouros chegam para ocupar seus lugares - as repúblicas não se desfazem, possuindo nomes, tradições e costumes bem próprios. Porém, esse não é um assunto para ser tratado no momento, pois precisaria de um maior aprofundamento e aqui não há espaço para tal. O que importa é a característica básica desse grupo social que, na verdade, tem muito pouca ou nenhuma identidade de interesse com a comunidade autóctone e com a preservação do patrimônio cultural que essa cidade requer.

Apesar disso, esses estudantes injetam uma quantidade considerável de recursos financeiros na comunidade e, por isso, são suportados com um certo interesse local. Além disso, é a existência desse grupo que proporciona certos eventos capazes de atrair verdadeiras multidões como, por exemplo, a festa do Doze, realizada todos os anos no dia 12 de outubro. Também o Carnaval que, embora tenha uma tradição de blocos caricatos, como Zé Pereira, dentre outros, é uma festa basicamente voltada para o público jovem e que atrai milhares de pessoas, as quais não deixam de injetar recursos financeiros que são bem-vindos pela comunidade autóctone, apesar dos danos causados ao patrimônio e da dificuldade imposta ao poder público.

Outro grupo que, apesar de não tão expressivo numericamente, é muito importante quando se trata de uma análise do desenvolvimento turístico, são os trabalhadores do sistema turístico que, conforme Beni[1], é um dos grupos que compõem o subsistema social do SISTUR (Sistema de Turismo). Esse grupo de trabalhadores que migraram para Ouro Preto em função das oportunidades de trabalho geradas pela atividade turística - que, embora desorganizada, possui uma estrutura de equipamentos hoteleiro e gastronômico considerável - também não tem envolvimento nem compromisso com a comunidade local nem possui interesse direto na preservação do patrimônio cultural. Sua visão imediata é ter um bom ganho através do seu trabalho com o agravante de, na maioria das vezes, investir esses recursos em sua cidade de origem, provocando assim uma evasão de divisas.

Apesar disso, esse grupo tem um aspecto muito positivo para os autóctones na medida em que incita neles a necessidade da qualificação profissional do setor turístico. A comunidade local compara-se com ele, percebe não ter tal qualificação e sente imediatamente a necessidade para tal. Pudemos perceber claramente isso com a instalação do Centro de Convenções da UFOP - Parque Metalúrgico que, por provocar um fluxo diferente de turistas a Ouro Preto, exigiu atendimento profissional qualificado que teve que ser buscado fora, provocando, assim, uma revolta positiva nos autóctones.

Por fim, temos que analisar o outro grupo social que causa impactos na comunidade ouropretana - o turista. Esse grupo, que geralmente vem motivado pelo aspecto histórico cultural, obviamente está em busca de compreender suas raízes, compreender o seu passado que entende estar ali registrado, como realmente está. Porém, essa estadia normalmente é rápida e o contato com essa história é superficial, apenas na base da visita ao acervo arquitetônico, onde escuta histórias decoradas, preparadas para lhe causar impacto e satisfazer suas curiosidades.

Essa relação superficial é ainda mais acentuada porque esse turista normalmente passa apenas um dia na cidade. Isso ocorre devido à grande proximidade de Belo Horizonte e as opções de hospedagem, entretenimento, gastronomia, espetáculos que a capital oferece e que não são encontradas em Ouro Preto. Dessa forma também, os benefícios gerados por esse grupo à comunidade autóctone não passam de uma modesta injeção na economia que, quando comparados com os impactos negativos, passam a não ter significado para os autóctones.

Assim, percebemos claramente que os interesses dos grupos sociais que convivem em Ouro Preto são, a princípio, antagônicos, chegando a causar repulsa de uns grupos por outros. Embora não se trate de uma característica exclusiva dessa cidade, e sim de um fenômeno observado na maioria das comunidades que desenvolveram o turismo de forma espontânea, como coloca Krippendorf[2]: "os obstáculos são imensos e quase insuperáveis. Na descrição do turismo que traçamos, assistimos, quase que a cada passo, a fenômenos que comprometem qualquer oportunidade de encontro. (...) Nos nossos dias, em que a viagem se tornou um fenômeno de massa, a lenda do entendimento entre os povos foi definitivamente relegada para a esfera das quimeras. No entanto, ainda existem pessoas que gostariam de atribuir o prêmio Nobel da paz ao turismo. Outras, porém, comparam sua força destrutiva à de uma bomba atômica. (...) Eu chegaria até a dizer que a relação entre os turistas e os autóctones é de tal porte que as oportunidades de se estabelecer contatos humanos verdadeiros são mais fracas do que nunca. Na maioria dos casos o encontro segue a lógica de um clichê, é artificial e enganador. (...) Temos a tendência de esquecer que os viajantes e os autóctones se encontram em situações completamente diferentes e mesmo opostas. A liberdade e o prazer de um são o fardo e o trabalho de outro. O ambiente de férias se choca com o ambiente de trabalho, e a necessidade de repouso com as necessidades da existência".

Em Ouro Preto, como pudemos perceber, existe um agravante que não faz parte da análise sociológica do turismo tradicional. O grupo social dos estudantes universitários constitui-se em um dado a mais na complexidade dessa análise, uma vez que não podem ser considerados turistas porque lá residem por um curto período, também não têm características de trabalhadores do turismo, estando completamente desvinculados das funções e interesses inerentes a esse grupo. E muito menos afinidade terão com a comunidade autóctone, uma vez que trazem as mais variadas formas de vida e valores dos mais variados locais de onde procedem.

Por último, devemos considerar a dificuldade do poder público municipal em administrar de forma adequada esses interesses, a princípio, tão antagônicos. Falamos a princípio por entendermos que um estudo mais aprofundado poderia mostrar formas de convivência harmônica desses grupos, principalmente através da valorização cultural da comunidade autóctone de forma sistemática e organizada, visando a promover maior interesse nos outros grupos envolvidos, como veremos mais adiante. Todavia, não podemos conceber uma proposta séria de desenvolvimento turístico em Ouro Preto sem uma reflexão sociológica que leve em conta esse aspecto tão particular, relacionado com a participação própria de cada grupo social envolvido no processo de vida e de desenvolvimento dessa comunidade.

O Produto Turístico

Para que um destino turístico possa ser considerado um produto turístico, são necessárias algumas considerações: em primeiro lugar, é necessário que tenha uma formatação que permitirá que este seja comercializado. É necessário que o turista tenha acesso a esse produto nas agências de viagens e possa adquiri-lo, de forma que, quando parta para a viagem, já saia sabendo os detalhes referentes à sua viagem, como o que vai fazer, o que está incluído na compra, enfim, as atividades a serem desenvolvidas no destino, os locais onde vai se hospedar, se alimentar, recrear etc. É preciso que o destino ofereça as propostas de roteiros e as melhores formas do turista aproveitar esse local.

Ora, o que acontece em Ouro Preto é simplesmente uma completa ausência de formatação do produto turístico. As pessoas se deslocam para lá individualmente ou em grupos, mas de uma forma voluntária e desordenada. Sendo assim, cabe à comunidade somente observar a passagem desse grupo de pessoas por lá e, a esse, somente tentar aproveitar o máximo da sua viagem, da forma que melhor puder. Em Ouro Preto, na maioria das vezes, o turista é, literalmente, abordado por um grupo de guias que fica à cata de clientes de uma forma totalmente inadequada, causando incômodo e mal-estar.

A constatação desses problemas tem levado à percepção de que, se Ouro Preto realmente quer aproveitar as oportunidades que o turismo proporciona e que naturalmente acontecem, pela importância histórico-cultural que tem, precisa urgentemente formatar esse produto. Dessa forma, poderá proporcionar ao turista uma visão clara do que encontrará lá, evitando assim mal-estar e decepções.

Tudo isso requer um planejamento estratégico a longo prazo, que leve em conta uma metodologia de trabalho criteriosa, com passos a serem seguidos, desde um levantamento sistemático das atividades culturais - genuínas e tradicionais - para a confecção de um inventário, passando posteriormente pela elaboração de um diagnóstico da situação atual vivida pelos grupos que promovem essas atividades, até finalmente se fazer um prognóstico com sugestões que busquem a promoção dessas atividades junto aos órgãos privados, públicos e terceirizados que possam promover essas atividades como um produto a ser agregado ao produto maior, que é a cidade de Ouro Preto. Nesse aspecto, devemos também buscar a formação dos animadores culturais que tenham uma visão global do desenvolvimento histórico-cultural da cidade e uma compreensão geral do ser humano para perceber as necessidades próprias de cada tipo de turista. Beni[1] afirma que "o animador turístico-cultural deve ser várias pessoas numa só, caracterizando-se por ter uma aguda consciência dos valores culturais e uma mente múltipla, perquiridora e holística, por ser visto como uma multidão em si mesmo, desempenhando os papéis de líder, diretor e condutor - com a ajuda de técnicos, como os auxiliares operacionais - por ter algo de assistente social e de educador, enfim, por acreditar nas relações humanas, sempre orientado por seu idealismo".

A Interação entre Turista e Autóctone

Não há dúvida de que a grande oportunidade de incrementar o desenvolvimento do turismo está justamente no aumento da interatividade e harmonização dos interesses dos grupos sociais. Conforme Krippendorf[2], "harmonizar o desenvolvimento turístico implica, antes de tudo, desembaraçar o nó dos interesses, muitas vezes contraditórios, e estabelecer uma ordem de prioridades. (...) As diversas necessidades e interesses se situam em três níveis. O primeiro nível engloba os objetivos e os conceitos das pessoas envolvidas e interessadas. De um lado estão as regiões turísticas e seus habitantes, que pretendem preservar sua herança cultural e o seu meio ambiente e, ao mesmo tempo, aproveitar as possibilidades de melhorar a posição econômica e social. Do outro lado, os turistas querem sair de suas regiões para mudar os horizontes, descobrir coisas novas e aumentar seus conhecimentos do mundo. No segundo nível, situam-se os objetivos e os interesses das pessoas, das empresas e das instituições que intervém ativamente no sistema do turismo e têm um interesse de caráter profissional no mesmo. (...) O terceiro nível engloba os interesses das pessoas e dos grupos que só aparecem ocasionalmente e de forma fortuita no sistema turístico e depois se vão. Um desenvolvimento harmonioso do turismo exige o respeito absoluto à hierarquia dos objetivos. É indispensável que os propósitos do primeiro nível - portanto, os interesses do conjunto de turistas e população local - tenham prioridade sobre aqueles dos outros níveis, isto é, das diversas categorias profissionais. Nesse primeiro nível, é preciso tentar conciliar as necessidades da população local e dos turistas e conceber o desenvolvimento de tal forma que as realizações sejam lucrativas para ambos. Para tanto, é necessário que estes últimos se ajustem e ajam de comum acordo, se possível no âmbito de um contrato que atente para o equilíbrio dos interesses de forma coercitiva num período prolongado. Em caso de incompatibilidade ou dúvidas, é importante sempre colocar os interesses dos autóctones acima dos interesses dos turistas".

Porém, como promover isso? Como envolver a comunidade no desenvolvimento de algo que, a princípio, ela é contrária ou indiferente? Essas questões, que se constituem nos principais desafios para o desenvolvimento turístico, são, na realidade, os maiores obstáculos para os administradores. Por isso, na maioria das vezes, os responsáveis pela gestão do turismo, sejam públicos ou privados, não têm coragem de enfrentá-las. É muito mais fácil desviar-se do obstáculo para chegar mais rapidamente ao objetivo, sem perceber que, dessa forma, o resultado fica comprometido.

A proposta deste trabalho é enfrentar essa questão a partir da descoberta da comunidade autóctone de Ouro Preto, seus hábitos, costumes, tradições, resgate da sua cultura, que por certo é riquíssima, a julgar pelo resultado de suas obras, manifestadas através do espetacular acervo arquitetônico.

Ao descobrir e valorizar as manifestações culturais como um todo, é preciso identificar aquelas que têm maior significado para o turismo, aquilo que pode virar produto para ser comercializado. A partir disso, seriam criadas várias opções de roteiros e alternativas para o turista.

Dessa forma, o cidadão ouropretano, ao ter sua forma de vida autêntica valorizada, aumentaria, com certeza, sua auto-estima, passaria a perceber que faz parte desse patrimônio da humanidade e perceberia, inclusive, que tem um tesouro valioso guardado no baú, que poderá ser aberto pelo desenvolvimento turístico. E que isso poderá lhe render qualidade de vida, bem-estar e alegria.

Por outro lado, os outros grupos sociais que vivem temporariamente ou passam alguns dias ali passariam a interagir e valorizar a comunidade local. O turista sairia muito mais realizado, pois encontraria nessa cultura explicações e um sentido muito mais razoável para aquele belo acervo arquitetônico. A proposta é levar o turista a viver Ouro Preto com todos seus sentidos, em toda a plenitude do seu ser. Dessa forma, as oportunidades do turismo ampliar-se-iam consideravelmente. Seus benefícios atingiriam toda a comunidade e não apenas seus impactos negativos.

Poderíamos afirmar metaforicamente que o bolso do turista é compartimentado, e cada compartimento possui uma chave, que representa um dos seus sentidos. Portanto, deixar de satisfazer qualquer um deles é deixar de abrir esses compartimentos. É deixar escapar oportunidades, é deixar o turista que vem para sentir tudo e esvaziar seu bolso, voltar tendo apenas utilizado o sentido da visão, portanto com quatro compartimentos do bolso cheios, porque os quatro sentidos restantes não foram utilizados. O caminho inverso, tentado normalmente, não funciona. Não é possível arrombar o bolso do turista.

Conclusão

Neste trabalho, não tivemos a pretensão de oferecer uma solução para os graves problemas do turismo em Ouro Preto, mas de mostrar que através dessa séria reflexão sociológica podemos iniciar um novo caminho.

Através da análise dos teóricos do turismo, pudemos perceber que a questão sociológica é fundamental quando estamos empenhados na organização harmoniosa do turismo. Não podemos continuar assistindo aos impactos negativos do turismo sobre as comunidades e manter a mesma linha de ação baseada em um desenvolvimento que apenas leve em consideração os aspectos econômicos em detrimento dos sociológicos, culturais e ambientais.

Esperamos que este trabalho possa ser um ponto de partida para uma nova proposta de ação e que, através do resgate das manifestações culturais da comunidade autóctone de Ouro Preto, os grupos sociais envolvidos no turismo venham a ter uma maior interação, de forma que possam melhor aproveitar as oportunidades e benefícios que o turismo bem planejado e organizado proporciona.

Referências Bibliográficas

1. BENI, M.C. *Análise Estrutural do Turismo*. São Paulo, Senac, 2001.
2. KRIPPENDORF, J. *Sociologia do Turismo, Para uma Nova Compreensão do Lazer e das Viagens*. São Paulo, Aleph, 2000.
3. SIMÃO, M.C.R. *Preservação do Patrimônio Cultural em Cidades*. Belo Horizonte, Autêntica, 2001.
4. TRIGO, L.G.G. *Turismo e Qualidade, Tendências Contemporâneas*. Campinas, Papirus, 2001.
5. TRIGO, L.G.G. *A Sociedade Pós-Industrial e o Profissional em Turismo*. Campinas, Papirus, 2000.

Parte III

Atividade Turística em Áreas Naturais e Ecoturismo

Capítulo 7

Oportunidades de Negócios Geradas pelo Ecoturismo em Unidades de Conservação para as Populações Tradicionais

CLEZIO GONTIJO AMORIM

Resumo

Nas últimas décadas falou-se de ecoturismo como sinônimo de desenvolvimento sustentável. Atualmente questiona-se essa condição, pois muitas populações tradicionais ficaram às margens desse desenvolvimento. Esse trabalho tem como principal objetivo analisar as oportunidades de negócios geradas pelo ecoturismo em unidades de conservação para tais populações. Foram analisadas as oportunidades de negócios turísticos geradas no povoado da Barra do Superagüi (PR) e se a população local estava envolvida no empreendimento.

Palavras-chave: *Ecoturismo; Populações tradicionais; Oportunidades de negócios.*

Introdução

Nas últimas décadas, o mundo tem sido alvo de sensíveis impactos ambientais e sociais provocados pelo modelo de desenvolvimento industrial estabelecido pelo homem contemporâneo. Paradoxalmente, esse mesmo modelo de desenvolvimento contribuiu para evidenciar a fragilidade e o risco ao qual o meio ambiente estava sujeito, desencadeando sentimento conservacionista/preservacionista no sentido de frear o desenvolvimento ou minimizar os impactos negativos.

Aos poucos, o mundo foi aderindo ao movimento conservacionista. Na maior parte das nações mais industrializadas e populosas, provavelmente as que mais geravam impactos negativos ao meio ambiente, foram surgindo diferentes formas de assegurar a conservação/preservação do ambiente por meios legais. As unidades de conservação foram configurando-se em diferentes modalidades. Desde aquelas mais restritivas, como os parques nacionais, até aquelas menos restritivas, onde se permite a presença do homem.

Entretanto, a questão da relação homem-natureza é ainda o ponto mais polêmico e conflitivo no que se relaciona às unidades de conservação restritivas. Os parques nacionais são áreas onde não é permitida a fixação de pessoas. São criados para assegurar a preservação da fauna silvestre e da vegetação nativa, além de interesses estéticos, para proteger cenários de grande beleza e que possam ser desfrutados pelo público em geral.

O ecoturismo surgiu como forma de desfrutar das belezas cênicas que as unidades de conservação ofereciam, ao mesmo tempo que contribuiu para gerar novas oportunidades de negócios no setor de serviços para as populações que viviam no entorno de tais áreas. Em pouco tempo operadoras, agências de viagens e hotéis ecológicos se estruturavam para oferecer produtos ecoturísticos.

Diante dessa realidade, esse trabalho tem como objetivo analisar quais são as oportunidades efetivas de negócios geradas pelo ecoturismo para as populações tradicionais que vivem no entorno das unidades de conservação, principalmente parques nacionais.

Base Teórico-Empírica

Ambiente de Negócios, Ecoturismo e Unidades de Conservação

A geração de condições propensas ao desenvolvimento de novas oportunidades de negócios é uma preocupação tanto do setor público quanto do privado. O desenvolvimento do setor turístico gerou novas oportunidades, principalmente na intermediação de serviços. O setor turístico foi responsável pela criação de novos postos de trabalho, ocupação de áreas antes desocupadas, reestruturação de pequenos povoados, melhoria da qualidade de vida de seus residentes e pelo fomento da economia local. Dentro do turismo, o segmento ecoturístico foi o que melhor contribuiu para essa mudança, pois se desenvolve, na maioria das vezes, em povoados até então completamente isolados e distantes dos centros mais desenvolvidos.

Para este trabalho, ecoturismo é a "viagem responsável a áreas naturais, visando a preservar o meio ambiente e promover o bem-estar da população local" (*The Ecotourism Society*). Quando se refere ao bem-estar da população local, inclui-se criação de oportunidades de novos negócios e a formação e capacitação das pessoas para conduzi-los.

Atualmente é muito grande a expectativa criada em torno do tema ecoturismo e da geração de novas oportunidades de negócios. Uma pergunta deve ser feita: oportunidades de negócios para quem? Pois é muito comum a população local ocupar somente os postos de trabalho caracterizados por tarefas simples e mal-remuneradas em empreendimentos de pessoas de fora da comunidade. Isso se dá em virtude do isolamento em que vivem, dificultando a aquisição de habilidades e competências necessárias para gerir pequenos negócios no setor.

Lindberg e Hawkins (1995) chamam atenção para a degradação do meio ambiente, para as injustiças e para as mudanças socioculturais negativas. Cabe ressaltar que as mudanças socioculturais podem ser geradas também pela exploração de novos negócios por pessoas de fora da população local. Segundo os autores acima, a geração de receita para as áreas protegidas, a criação de empregos para as pessoas que vivem próximo a essas áreas e a promoção de educação ambiental e de conscientização sobre a conservação equilibram o peso negativo dos impactos danosos que o ecoturismo desordenado possa provocar.

Quando se pretende a minimização dos impactos negativos provocados pela prática do ecoturismo em algumas áreas naturais e a maximização dos aspectos positivos, o principal ponto em questão é a qualidade do planejamento ecoturístico para áreas protegidas. É imprescindível que, no planejamento do ecoturismo em áreas naturais protegidas, sejam levados em consideração os novos negócios gerados, como e em que nível eles podem ser explorados pela população local. Pensar antecipadamente nas possibilidades de ocupar a população local é aspecto de justiça social, além de elevar o sentimento de pertencimento em relação à área desapropriada para fins de conservação.

Quando os negócios são explorados pela população local, a renda gerada fomenta a própria região. Pode-se perceber que, em muitos locais onde os negócios são explorados por pessoas que não são da própria comunidade, boa parte da renda é reinvestida em grandes centros, causando conflitos sociais ao longo do tempo.

Formação e Capacitação de Recursos Humanos nas Populações Tradicionais para o Ecoturismo

O ecoturismo assumiu, nas últimas décadas, para algumas regiões isoladas, importância central nas suas economias, constituindo atividade estratégica para o desenvolvimento socioeconômico, pelo seu potencial gerador de novos negócios e empregos, além de importante meio para preservação da natureza.

As tendências mostram que a evolução desse segmento levantam questões como formação e capacitação de recursos humanos da própria população local. Essa estratégia, além de melhorar a qualidade da mão-de-obra local, valorizando-a, pode representar diferencial competitivo entre destinos ecoturísticos, pois a ligação que a comunidade local possui com a área não se restringe somente à viabilidade econômica do negócio. Vai além do aspecto econômico, pois também traz um sentimento de pertencimento ao local. A população local conhece mais as relações internas da sociedade e do meio ambiente em que vive do que as pessoas provenientes de outros locais.

Para Harkins e Kahn (2001), um dos objetivos do ecoturismo é informar-se a respeito das comunidades locais. Uma boa forma de aumentar o contato do visitante com a comunidade local pode ser por meio dos pequenos empreendimentos ecoturísticos explorados pela própria comunidade.

Porém, o baixo nível de escolaridade da população local é um dos problemas para a absorção de mão-de-obra para empreendimentos ecoturísticos. Esse fator contribui muito também para a má gestão dos negócios, mesmo que sejam microempresas. Além da formação, outro fator importante a ser considerado são os hábitos de consumo da população local e dos visitantes, que são distintos, estabelecendo um distanciamento maior entre o serviço prestado e a expectativa do visitante.

Questões que podem gerar conflitos, como o número demasiadamente grande de pessoas de fora da comunidade local explorando empreendimentos turísticos, deveriam requerer maior atenção no nível de política pública. Não no sentido de manter reservas de mercado, mas de dar condições para que possam empreender e gerir os seus próprios negócios. Políticas que visem à descentralização das decisões no nível local podem tratar melhor problemas como o de formação e capacitação de recursos humanos. A partir do momento em que se conscientizarem que os seus negócios dependem da conservação da natureza e da qualidade contínua dos serviços prestados, a comunidade local pode se tornar forte aliada na conservação ambiental. Os autores ressaltam a necessidade da população local se inserir no planejamento dos projetos turísticos em todas as suas fases. Essa participação pode garantir maior comprometimento com o produto ecoturístico e com a conservação do meio ambiente.

Oportunidades de Negócios Geradas pelo Ecoturismo para Populações Tradicionais

Segundo Lindberg (1996), o ecoturismo provoca impactos econômicos direto, indireto e induzido. Os negócios gerados pela atividade ecoturística nas populações locais se dão principalmente pelos impactos diretos, que são os gastos que o turista faz em restaurantes, pousadas e comprando *souvenir.* Por sua vez, os restaurantes e outros estabelecimentos que prestam serviços aos turistas necessitam insumos, que são comprados em outros estabelecimentos comerciais, que são os impactos indiretos. Quando os estabelecimentos turísticos empregam pessoas, estão gerando impactos induzidos, pois os empregados receberão os seus salários e os gastarão comprando bens e serviços de que necessitam.

A situação ideal para o desenvolvimento sustentável seria que os impactos econômicos diretos, indiretos e induzidos fossem aplicados, em sua maioria, na localidade. Porém, essa não é a realidade de grande parte dos destinos ecoturísticos, pois as oportunidades de negócios são ocupadas por pessoas de fora da comunidade. Os lucros auferidos são reinvestidos nas localidades da residência principal do proprietário do negócio, bem como os bens necessários para a operacionalização do seu negócio são importados de grandes centros, uma vez que os custos são menores.

Atualmente, os impactos econômicos gerados pelo ecoturismo para as populações locais, na sua maioria, se restringem aos induzidos. Vale ressaltar que são postos de trabalhos simples, com pouca exigência de formação e capacitação, baixos salários e sujeito à sazonalidade da atividade. Pode-se dizer que os salários recebidos pelos membros da população local que trabalham nos empreendimentos ecoturísticos são, praticamente, os únicos impactos econômicos recebidos pela economia local.

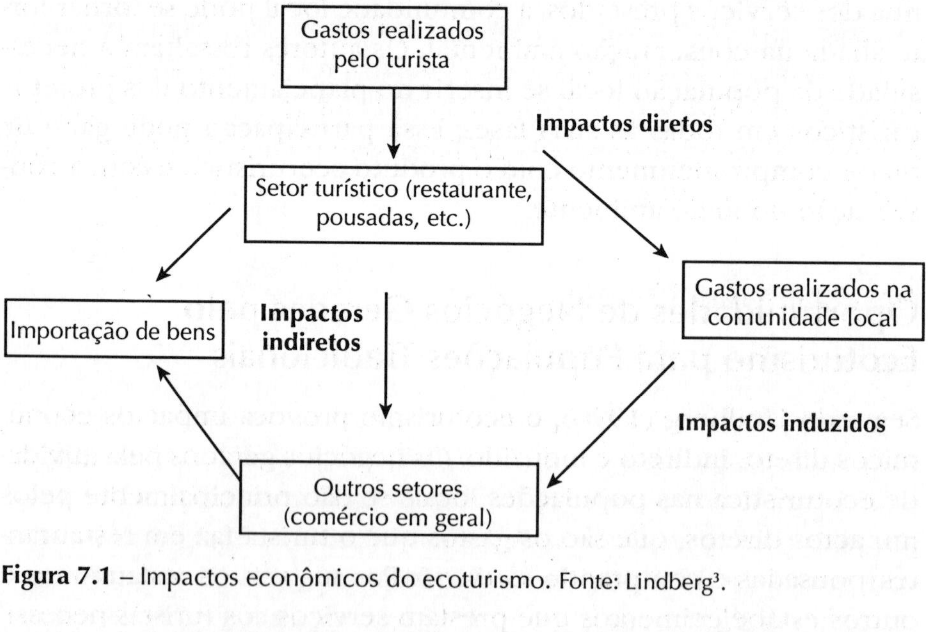

Figura 7.1 – Impactos econômicos do ecoturismo. Fonte: Lindberg[3].

Heras[2] ressalta que o ecoturismo, com relação à geração de empregos para a população local, reserva muitas vezes os piores postos, com tarefas simples e baixos salários, pois tem pouca experiência e conhecimento para desempenhar cargos mais importantes. Mesmo assim, afirma ser melhor ter pouco do que nada. Vale ressaltar que muitos destinos ecoturísticos viviam isolados antes dos primeiros visitantes chegarem.

Para Boo (*apud* Bolibar[1]), o ecoturismo pode ser uma ferramenta para a conservação da natureza, mas dificilmente o será se não for feito um esforço coordenado para incorporar as populações locais no desenvolvimento da atividade ecoturística. Esse esforço não diz respeito somente à formação e capacitação para empregá-los nos empreendimentos vindos de fora, senão também para dar condições para que possam assumir individualmente ou em cooperativa pequenos negócios. Esses negócios podem ser pequenas pousadas, *camping*, restaurantes, receptivo, bares, mercearias, padarias, pequenas empresas de locação (bicicletas, canoas, cavalos e caiaques).

METODOLOGIA

Esse trabalho se caracteriza por ser descritivo-qualitativo. Os dados foram coletados em fontes primárias e secundárias. As informações foram conseguidas por meio de pesquisa realizada na Internet. Posteriormente, foi enviado um *e-mail* à pesquisadora Inge Niefer para confirmação dos dados e obter mais algumas informações. Muitas considerações foram feitas a partir do conhecimento do autor que, em inúmeras viagens ao povoado da Barra de Superagüi (PR), manteve contatos com a população local e observou o seu modo de vida.

ANÁLISE DOS DADOS

Análise Geral dos Dados

O Parque Nacional de Superagüi situa-se num extenso trecho de Mata Atlântica remanescente entre os Estados de São Paulo e Paraná. É um magnífico criadouro natural de peixes, aves e moluscos. Nesse parque, criado pelo Decreto Federal nº 97.688, de 25 de abril de 1989, com uma área de 21.400 hectares e formado pelas ilhas das Peças e do Superagüi, pode-se encontrar braços de mar, praias selvagens, restingas e ricos manguezais. É considerado um dos cinco ecossistemas costeiros mais notáveis do planeta, faz parte do complexo estuarino lagunar integrado por Cananéia, Iguape e Paranaguá. O parque foi considerado recentemente como Reserva da Biosfera, pela Unesco (Organização das Nações Unidas para a Educação, a Ciência e a Cultura). Em 1999 ocorreu a sua demarcação, o que contribuiu para anexar outras áreas ao parque, ficando com uma área aproximada de 34.000 hectares.

A fauna e a flora do parque se destacam pela beleza das suas espécies. Nos manguezais crescem as formações vegetais mangue-vermelho e mangue-branco. Nesse ambiente florescem espécies exóticas de orquídeas. A Mata Atlântica densa que cobre a faixa central da restinga apresenta figueiras e maçarandubas. Além do raro mico-leão-de-cara-preta, destacam-se, entre os mamíferos, as pacas, as cutias, os porcos-do-mato e os veados. Entre as aves se destaca o papaio-de-cara-roxa, espécie ameaçada de extinção.

O ecossistema do Parque Nacional de Superagüi encontra-se bastante preservado graças ao seu isolamento. O parque, por não possuir infra-estrutura para receber visitantes, continua ainda fechado ao público. A Ilha do Superagüi possui uma pequena vila de pescadores, com uma população em torno de 700 habitantes, dos quais alguns já exploram o ecoturismo (pousadas rústicas, restaurantes, bares, aluguéis de barcos para passeios e travessias), como principal fonte de renda.

Por ser um ecossistema extremamente importante e muito frágil, o ecoturismo em Superagüi deve ser muito bem planejado, buscando minimizar ao máximo os efeitos danosos da exploração ecoturística, principalmente no que se refere ao limite de capacidade de carga e ao perfil do turista que se deseja atrair. Não somente o impacto ecológico, mas também deve haver preocupação quanto aos impactos sociais, já que a vila passou por um longo tempo de isolamento e por possuir algumas manifestações culturais importantes (fandango e outras festas populares).

Recentemente, Niefer, Silva e Amend[4] realizaram uma pesquisa sobre a demanda turística em Superagüi, concluindo que o perfil do visitante pode ser classificado como ecoturista, pela sua atitude com relação à natureza e à população local. O visitante manifestou grau menor de exigência com relação à infra-estrutura para hospedagem e alimentação, o que favorece a exploração desses negócios pela população local.

Análise do Ambiente de Negócio na Barra de Superagüi

O ambiente de negócio gerado após a chegada dos primeiros visitantes a Superagüi iniciou o processo de transformação da economia local, que antes era basicamente dependente da pesca artesanal. Nos últimos anos, o número de visitantes tem aumentado consideravelmente, ampliando as oportunidades, inclusive causando alguns problemas sociais, uma vez que algumas pessoas estão deixando as suas atividades tradicionais para se dedicarem ao ecoturismo.

O ecoturismo em Superagüi se desenvolveu até agora de forma mais moderada com relação à ocupação das oportunidades de negócios por pessoas de fora da comunidade local. Isso se deve mais devido às dificuldades para a aquisição de terrenos, embora a exploração imobiliária já represente um problema na Ilha das Peças. O empreendimento de pequenos negócios por moradores locais tem gerado receita extra, com o envolvimento, normalmente, de toda a família no negócio. Para alguns moradores o ecoturismo já representa a principal fonte de renda, o que pode provocar impactos sociais negativos se a atividade tradicional à qual se dedicavam deixar de ser exercida completamente.

A Ilha de Superagüi possui 8 pousadas, 1 *camping*, 8 bares, 5 restaurantes, 4 mercearias, 2 padarias e 1 espaço para diversão noturna (forró). A diária varia de R$ 15,00, para solteiro, a R$ 60,00, para casal, com café da manhã. As refeições feitas nos restaurantes ou nas próprias pousadas custam em média R$ 7,00 por pessoa. Segundo Niefer, Silva e Amend[4], o gasto médio de cada visitante por dia é de R$ 38,80. A maioria dos visitantes utiliza o fretamento de barcos, que custa em média R$ 120,00 para 5 pessoas saindo da Ilha do Mel. Para os mesmos autores, 83% dos visitantes utilizam pousadas, *camping* ou acampamento no quintal das pousadas, como meio de hospedagem.

Outras importantes oportunidades de negócios podem surgir a partir da análise da tabela das atividades preferidas dos visitantes da ilha. Atividades como passeio de barco, participação em atividades locais, andar de bicicleta, cavalgadas, mergulho e pescaria tiveram alta preferência. Negócios como aluguel de equipamentos para pescaria, aluguel de barcos, de bicicleta, além de um posto de informação com receptivo, podem ser explorados pelos moradores locais.

No caso em análise, os impactos econômicos diretos contribuem para fomentar a economia do local, uma vez que os turistas pagam diretamente aos proprietários das pousadas, restaurantes e barcos. Até mesmo os ambulantes se beneficiam, uma vez que visitam as pousadas vendendo doces, salgados e alguns trabalhos manuais. Os impactos induzidos contribuem pouco, pois não são muitos empregados contratados, uma vez que as pousadas e restaurantes empregam toda a família na atividade. Somente na alta temporada, algumas pousadas contratam serviços domésticos, de limpeza do quintal e de barcos extras para o transporte de pessoas. Os impactos indiretos não são consideráveis, pois o povoado não possui um comércio satisfatório para os proprietários de pousadas e restaurantes fazerem as suas compras. Os mesmos normalmente utilizam como centro de compra a cidade de Paranaguá.

Indubitavelmente, o ecoturismo proporcionou melhores condições de vida ao povoado, principalmente para aqueles que estão envolvidos diretamente com a atividade. A prova mais saliente pode ser vista pelo aumento do número de novos estabelecimentos comerciais e pela melhor condição de vida que os proprietários dos empreendimentos ecoturísticos possuem atualmente.

Conclusão

Dentro de uma política conservacionista/preservacionista, o ecoturismo, além de ser uma ferramenta pedagógica para conscientização da necessidade de tratar melhor o meio ambiente, tem sido também importante instrumento de desenvolvimento socioeconômico de muitas populações tradicionais.

Vale ressaltar que essa última função do ecoturismo tem fracassado em várias localidades, em função do planejamento ecoturístico não contemplar a participação da população local nas oportunidades de empreendimentos geradas. Smith[5] aponta como uma das desvantagens dos empreendimentos privados nas populações locais a falta de capacitação, a falta de capital inicial para empreender e a rivalidade com o sucesso de novos líderes empresariais. Ao se elaborar o planejamento ecoturístico, essas variáveis do processo necessitam ser diagnosticadas, pois delas depende a sustentabilidade do desenvolvimento do ecoturismo.

Na localidade analisada, a geração de novos negócios foi, na sua maioria, empreendida pela população tradicional. Essa situação não foi planejada, mas o isolamento e a dificuldade para aquisição de um imóvel na localidade contribuíram para a condição que se tem hoje. Embora a pressão imobiliária seja muito forte, a explosão do turismo com características mais massivas deve se retardar ainda mais. Atualmente o perfil do visitante também contribui para facilitar a gestão dos pequenos negócios empreendidos pela população local, uma vez que ele não é tão exigente quanto as pousadas e restaurantes.

Para a população local, o ecoturismo passou a ser oportunidade mais branda de ganhar a vida, principalmente após as várias restrições impostas pelas leis conservacionistas ao seu antigo modo de vida: extrativista no nível de subsistência. As oportunidades de negócios geradas pelo ecoturismo podem ser uma ferramenta importante para amenizar também conflitos entre a população local e a administração das unidades de conservação, pois aquilo que lhes foi tirado para fins conservacionistas pode ter um valor econômico com o ecoturismo.

O ecoturismo para o povoado da Barra de Superagüi gerou várias oportunidades de negócios e estas foram sendo empreendidas por membros da comunidade local. Também foi responsável por uma melhor qualidade de vida, distribuindo melhor a renda gerada de forma direta, indireta e induzida, além de abrandar o sentimento de perda de território quando da criação do parque.

Referências Bibliográficas

1. BOLIBAR, M.C. *Critérios para el Manejo Ecológico en el Parque Nacional de Portobelo*. Madrid, Icona, 1990.
2. HERAS, M.P. *La Guía del Ecoturismo: Como Conservar la Naturaleza a través del Turismo*. Madrid, Ediciónes Mundi-Prensa, 1999.
3. LINDBERG, K. The Economic Impacts of Ecotourism. http://www.life.csu.edu.au/ecotour/mar1.htm. 1996.
4. NIEFER, I.A.; SILVA, J.C.L.G.; AMEND, M. Ecoturistas ou não? Análise Preliminar dos Visitantes do Parque Nacional de Superagüi. *Turismo - Visão e Ação*, 6, 49-68, 2000.
5. SMITH, V.L. *Empreendimentos Privados no Terceiro Mundo: Empresas de Turismo em Pequena Escala*. São Paulo, SENAC, 2001.
6. WAWKINS, D.E.; KAHN, M.M. *Oportunidades para o Turismo Ecológico nos Países em Desenvolvimento*. São Paulo, SENAC, 2001.

Capítulo 8

Sítio do Físico em São Luís do Maranhão: uma Proposta de Turismo Ecológico

David Leonardo Bouças da Silva
José Antonio Silvestre Fernandes Neto

Resumo

Devido a uma grande demanda turística gerada pelo crescente número de pessoas que visitam São Luís do Maranhão, o Sítio do Físico surge como uma alternativa viável e naturalmente capacitada à atividade ecoturística.

Através de um estudo baseado em visitas, entrevistas com os proprietários da localidade e análise de material e bibliografia específicos, procurou-se definir os parâmetros e delimitar as ações que podem ser executadas a fim de dotar o Sítio do Físico de infra-estrutura necessária para inseri-lo como nova proposta turística para São Luís.

Palavras-chave: *Ecoturismo; São Luís; Maranhão; Parque Ecológico.*

Introdução

Nos últimos anos, o homem vem sentindo a necessidade de estabelecer um contato mais íntimo com a natureza, devido ao grande processo de urbanização que vem ocorrendo e ao ritmo estafante nas cidades. A destruição de áreas naturais nos grandes centros urbanos leva o ser humano para locais onde possa ter maior contato com o ambiente natural, como forma de recuperar seu equilíbrio físico e mental.

Em compensação, o grande fluxo de pessoas faz com que o planejamento dos espaços, dos equipamentos e das atividades se apresente como fundamental para evitar os danos sobre os ambientes visitados e manter a atratividade dos mesmos.

Portanto, o ecoturismo, que consiste numa atividade planejada, possui ampla capacidade de gerar divisas, bem como de preservar os recursos naturais e histórico-culturais, tornando-os patrimônios turísticos.

Este trabalho visa a apresentar o Sítio do Físico como atrativo histórico-natural e um potencial espaço de lazer e entretenimento para os visitantes da cidade de São Luís.

Ecoturismo

A inter-relação entre o turismo e o meio ambiente é incontestável, uma vez que este último constitui a "matéria-prima" da atividade. Os responsáveis pelo turismo e pelo meio ambiente têm consciência dos problemas difíceis e conflitantes que ambos têm em comum e, por isso, devem criar condições e proposições para melhor administrá-los.

Os ambientalistas preocupados com a exploração irracional dos recursos naturais propuseram uma outra modalidade de turismo. É o chamado "ecoturismo" ou "turismo ecológico", que se caracteriza, sob nosso ponto de vista, como um ramo do turismo que utiliza de forma sustentável os bens naturais e culturais, de forma que os conservem para a utilização das gerações futuras.

Segundo a Embratur (Instituto Brasileiro de Turismo) e o Ibama (Instituto Brasileiro do Meio Ambiente e dos Recursos Naturais Renováveis), o ecoturismo é definido como "um segmento da atividade turística que utiliza o patrimônio natural e cultural, incentiva sua conservação e busca a formação de uma consciência ambientalista através da interpretação do meio ambiente, promovendo o bem-estar das populações envolvidas".

A Comissão Mundial sobre Meio Ambiente e Desenvolvimento[3] caracteriza o desenvolvimento sustentável como "um processo de transformação, no qual a exploração dos recursos, a direção dos investimentos, a orientação da evolução tecnológica e a mudança institucional se harmonizam e reforçam o potencial presente e futuro, a fim de atender às necessidades e aspirações humanas".

Portanto, o desenvolvimento sustentável prega, acima de tudo, racionalidade na utilização dos recursos, como forma de garantir sua perpetuação para o usufruto das gerações seguintes, além de proporcionar melhor qualidade de vida ao homem. Todavia, mesmo que se promova o ecoturismo com base no desenvolvimento sustentável, conseqüências negativas ocorrerão nos ambientes naturais e socioculturais em detrimento da atividade.

Impactos do Turismo Ecológico

O turismo ecológico, conceitualmente entendido como uma forma de viajar que incorpora tanto o compromisso com a proteção da natureza como a responsabilidade social dos viajantes para com o meio visitado, tem contribuído para diminuir os impactos negativos da atividade sobre as localidades turísticas.

Apesar dos esforços para seu desenvolvimento em nível mundial, principalmente nos países com recursos naturais intocados, questiona-se se o ecoturismo pode realmente contribuir para a conservação dos ecossistemas das comunidades receptoras, protegendo-os, apesar da visitação e da construção de equipamentos específicos.

Diante da impossibilidade de dissociar os impactos ambientais e suas conseqüências sobre as comunidades humanas das localidades vizinhas aos equipamentos de hospedagem, citam-se, a seguir, tantos os impactos ambientais como socioculturais do turismo ecológico, conforme Ruschmann[7].

Impactos Positivos

Nos ambientes naturais

- Criação de áreas, programas e entidades (governamentais e não governamentais) de proteção da fauna e da flora; por exemplo: Projeto Tamar - Tartarugas Marinhas.

Nos ambientes socioculturais

- Campanhas e programas de educação ambiental para crianças, adultos, turistas e moradores da localidade turística;
- Desenvolvimento do "orgulho étnico" nas comunidades receptoras;
- Ambientalistas se engajam nos programas de ecoturismo e atuam como guias e instrutores na orientação e na educação ambiental das comunidades locais e dos turistas e, muitas vezes, tornam-se proprietários e administradores de seus próprios *lodges*.

Impactos Negativos

Nos ambientes naturais

- Acúmulo de lixo nas margens dos caminhos e trilhas, nas praias, nas montanhas, nos rios e lagos;
- Contaminação das fontes e dos mananciais de água doce e do mar perto dos alojamentos, provocada pelo lançamento de esgoto e lixo *in natura* nos rios e oceanos;
- Poluição sonora e ambiental provocada pelos motores dos barcos e geradores que provêm energia elétrica para os *lodges*;
- Pinturas e rasuras nas rochas ao ar livre, dentro das cavernas e grutas, onde os turistas querem registrar sua passagem;
- O lixo e o abandono de restos de comida ao ar livre atraem insetos, provocam mau cheiro e cultivam bactérias;
- Caça e pesca ilegais, em locais e épocas proibidas;
- Incêndios nas áreas mais secas, provocados por fogueiras ou faíscas de isqueiros, fósforos e cigarros;
- Desmatamento para construção de *lodges* e de equipamentos de apoio;
- Descaracterização da paisagem pela construção de equipamentos cuja arquitetura, materiais e estilo contrastam com o meio natural.

Nos ambientes socioculturais

- Sentimentos de inveja e ressentimento diante dos hábitos e comportamentos diferentes dos turistas e da ostentação de tempo e dinheiro, muitas vezes escassos para os moradores da localidade;

- Aumento dos preços das mercadorias e dos terrenos;
- Migração de pessoas originárias de regiões economicamente debilitadas para os novos pólos turísticos, em busca de empregos, provocando excedente na oferta de mão-de-obra e escassez de moradia.

Os Parques Ecológicos e as Unidades de Conservação

Os parques ecológicos constituem-se como áreas que possuem um ou mais ecossistemas onde existe uma grande variação de espécies vegetais e animais, despertando, portanto, interesse científico, educativo, recreativo e financeiro. Os parques ecológicos tornam-se grandes atrativos turísticos, uma vez que são construídos em áreas de abundante beleza paisagística e natural.

No intuito de controlar a exploração de áreas com valor histórico e natural, são criadas as Unidades de Conservação (UC). Portanto, as UC se referem às áreas protegidas legalmente. Essas unidades congregam ações de proteção da fauna, flora e dos espaços naturais, com as práticas educacionais, recreativas ou científicas e estão sob jurisdição federal, estadual ou municipal.

As UC foram agrupadas pela IUCN (União Internacional para a Conservação da Natureza), segundo Bruck[2], em três classes, conforme os objetivos das categorias de manejo:

- Uso indireto dos recursos;
- Uso direto dos recursos;
- Reservas de destinação.

Na categoria "uso indireto dos recursos", dar-se-á destaque à categoria "Parque". Os parques caracterizam-se como áreas de porte considerável, dirigidos à proteção de áreas naturais cênicas de significado nacional ou internacional. Possuem a mesma lei de criação das Reservas Ecológicas (Lei 4.771) e são destinados aos mesmos fins. Enquadram-se nesta categoria os parques nacionais, estaduais e municipais, os ecológicos e os bosques municipais.

Sítio do Físico

Dados Históricos

Por carta régia de 5 de dezembro de 1798, Antonio José da Silva Pereira, nascido em 1767, no Bispado do Porto, na cidade de Portugal, médico formado pela Universidade de Coimbra, foi nomeado e designado pela Corte Portuguesa "Físico-Mor da Capitania do Maranhão".

O Sítio do Físico, no século XIX, caracterizou-se como um Centro Fabril de Beneficiamento de Couro, devido às condições propícias para o processo de curtimento do couro, que exigia, na época, técnicas aprimoradas.

A mão-de-obra utilizada na construção e funcionamento desse complexo industrial era escrava. Estima-se que 600 escravos trabalhavam nas diversas atividades exigidas no processo de curtimento do couro. Havia inúmeras senzalas para os escravos dormirem e praticarem suas atividades culturais.

Nessa época, o acesso ao sítio era limitado ao rio Bacanga, onde foram construídos dois portos (principal e secundário) para operações de carga e descarga de mercadorias. Diametralmente oposta a esta situação, foi viabilizado um engenhoso sistema de galerias para escoamento da água e do esgoto, despejados diretamente no rio.

Para a produção e armazenamento de sal, foram construídos tanques especiais de captação de água salgada. A produção do sal servia para o consumo interno, bem como para a preparação do couro manufaturado.

Os produtos exportados, tais como arroz, cal, algodão e, obviamente, o couro manufaturado, eram enviados a Portugal e alguns países da Europa. Toda a comercialização dos produtos estava sob vigência da Companhia Geral de Comércio do Maranhão e Grão Pará.

Em 14 de novembro de 1818, o Físico-Mor, após ser condenado pela Corte Portuguesa devido aos seus ideais partidários ligados a Napoleão Bonaparte e também da confirmação de adultério da sua segunda esposa com um escravo, suicidou-se, deixando como patrimônio este acervo arquitetônico, circundado de belezas naturais.

Localização

O Sítio do Físico localiza-se na parte leste do Parque Estadual do Bacanga, à margem direita do rio Bacanga, possuindo uma área total de 120 hectares, dentre as quais 16.000 m² são de ruínas históricas.

O Parque Estadual do Bacanga está situado no município de São Luís do Maranhão e foi criado através do decreto estadual nº 7.545, de 2 de março de 1980. Passou a ser considerado espaço de preservação ambiental permanente devido aos seus mananciais e sua biodiversidade. Localiza-se no centro-oeste da Ilha de São Luís, entre zonas de alta densidade demográfica e o distrito industrial.

O parque possui 3.065 hectares, apresentando remanescentes de Floresta Amazônica que protegem seus mananciais e alimentam a represa do Batatã, responsável por 30% da água consumida em nossa cidade. Além disso, abriga Mata de Galerias, manguezais, dunas e fauna variada com algumas espécies em extinção. Possui, como destaque, um rio com grande potencial turístico, o rio Bacanga.

O rio Bacanga nasce no bairro do Tirirical, deslocando-se no sentido sul, até alcançar a sua foz, na confluência com o rio Anil. Ao longo de 9.500 metros de extensão, este rio apresenta uma diversidade vegetal e faunística muito grande, constituindo uma importante porta de acesso ao Sítio do Físico.

Com a construção da barragem do Bacanga, o rio sofreu um impacto gigantesco que reduziu consideravelmente sua vida marinha. Apesar do alto índice de poluição (esgotos, produtos químicos e lixos), o Bacanga ainda é de grande importância para a população de São Luís.

Situação Atual

Da construção original do complexo industrial, encontram-se as ruínas da Casa Grande (1.100 m^2), das fábricas de pólvora e de velas, do laboratório químico-inflamável, da usina de beneficiamento de arroz, dos 72 tanques de curtume, dos 12 tanques de salinas, dos 3 grandes poços, das 6 prisões, dos 2 grandes reservatórios de água, das senzalas, caieira, praça, dentre outros.

O sítio possui, também, uma escadaria com 38 degraus construída em pedra de cantaria, localizada ao lado da caieira. Servia de acesso do porto principal até a casa grande. Com a demolição da capela que existia desde o século XIX, foram encontrados 17 tipos de azulejos de procedência portuguesa.

Com base nos dados suprareferidos, pode-se afirmar que o Sítio do Físico representa um importante marco da industrialização brasileira e, acima de tudo, é parte memorável da nossa história, que carece, indubitavelmente, da atenção de empresas privadas e de órgãos públicos que estejam interessados em transformá-lo num importante parque de visitação em São Luís.

O Sítio do Físico, atualmente, mantém-se unicamente por iniciativa dos próprios donos (família de Joaquim Felício Cavalcante e Silva, proprietário desde 1957).

Justificativa

O patrimônio cultural de São Luís e o interesse que vem despertando nas pessoas começam a suscitar certa preocupação no que se refere à preservação dos bens aqui existentes.

Em 1997, a cidade de São Luís recebeu o título de Patrimônio Histórico e Cultural da Humanidade e, desde então, a preservação deste faz-se necessária, dada a importância que o conjunto de expressões de uma cultura rica como a maranhense tem a oferecer. Uma variedade que engloba herança colonial portuguesa na arquitetura, artesanato, culinária forte e peculiar, festas e expressões culturais, ritmos e heranças religiosas.

Por outro lado, não podemos esquecer os ambientes naturais que tornam São Luís um dos lugares mais belos do mundo. Neste contexto, encontramos praias exuberantes com belíssimas dunas, a Lagoa da Jansen, recentemente transformada num importante complexo de lazer, mangues e também áreas com grande potencial para implementação de parques ecológicos. Dentre eles destaca-se, no Parque do Bacanga, o Sítio do Físico, que merece obter destaque entre os grandes "monumentos" nacionais, necessitando urgentemente, portanto, de investimentos e de projetos que viabilizem sua revitalização.

Eis a razão de se propor a transformação do Sítio do Físico num parque de visitação, através de um projeto que conjugue o valor histórico do sítio com a utilização racional dos seus bens naturais.

Objetivos

Geral

- Transformar o Sítio do Físico num parque ecológico de visitação.

Específicos

- Levantar as potencialidades de área física e de seu acervo arqueológico;
- Identificar os setores da sociedade, do comércio e indústria interessados na proposta;
- Reunir-se com empresas de turismo do município, Estado ou país e também com a Associação de Professores da Universidade Federal do Maranhão para levantar o interesse sobre o Sítio do Físico;
- Definir a área de preservação ambiental do sítio, delimitando a área de visitação das ruínas.

PLANO DE AÇÃO

Esta proposta conta com a participação de alunos do curso de Turismo e de Arquitetura, que receberam orientação de professores da UFMA (Universidade Federal do Maranhão).

No intuito de levantar recursos para viabilização do projeto, buscar-se-á empresas, órgãos ou até mesmo pessoas interessadas em investir no Sítio do Físico.

Em parceria com estudantes e/ou profissionais de arquitetura, delimitar a área de visitação do Sítio do Físico, bem como a área de não-visitação, definindo as trilhas do parque ecológico.

É imprescindível a limpeza total do Sítio do Físico, devendo-se aparar a grama e toda a vegetação que cobre as ruínas. Eliminar também lixos e resíduos nas margens do rio e na área das ruínas. Posteriormente, será necessária a construção de um píer onde se localizava o antigo porto principal da fábrica, já que o acesso ao sítio far-se-á pelo rio Bacanga. Os barcos e lanchas poderão sair da APRUMA (Associação dos Professores da Universidade Federal do Maranhão), precisando-se, portanto, estabelecer parceria com esta associação.

Ao redor das ruínas, colocar-se-á, estrategicamente, placas que expliquem a localização, a finalidade e a importância de cada setor do antigo complexo industrial que ali existiu. E nestas mesmas placas, apresentar logomarcas e/ou nomes das empresas patrocinadoras.

Com o funcionamento do Parque de Visitação do Sítio do Físico, tornar-se-á necessária a seleção de estagiários que sirvam de guias aos visitantes. Poderão ser alunos provindos de qualquer universidade e de preferência dos cursos de Turismo, Hotelaria, Arquitetura e História.

Será necessária também a criação do Centro de Informações ao Visitante, cujo espaço será utilizado para exposição de trabalhos, informações sobre o Sítio do Físico, atividades culturais e também a instalação de lojas de *souvenirs*.

Visando à maior satisfação dos clientes, serão criados banheiros, um restaurante e uma lanchonete, bem como uma praça com bancos e um estacionamento para os que vierem por acesso terrestre.

Para promover a divulgação do Sítio do Físico, *folders* serão distribuídos, bem como guias e manuais que suscitem um interesse maior da comunidade. Além disso, as empresas de turismo incluirão em seus pacotes e *city-tours* uma visita ao Sítio do Físico.

METAS

Tabela 8.1 – Cronograma de atividades a serem desenvolvidas

Atividades	*J*	*F*	*M*	*A*	*M*	*J*	*J*	*A*	*S*	*O*	*N*	*D*
1. Apresentar a proposta ao XXII CBTUR/2002, com o objetivo de colher subsídios para aprofundamento da proposta.					X							
2. Estabelecer parcerias com órgãos ligados ao turismo do município de São Luís, do Estado do Maranhão e da Embratur.					X	X	X					
3. Levantar a área geográfica do parque.						X	X	X				
4. Debater os custos operacionais, relativos ao projeto de construção da infra-estrutura de suporte para as atividades turísticas no Sítio do Físico.							X	X	X			
5. Delimitar a área de preservação e visitação.									X	X		
6. Definir com a equipe o início das atividades de visitação do Sítio do Físico.											X	X

Referências Bibliográficas

1. ACERENZA, M. *Administração do Turismo: Conceituação e Organização.* Bauru, EDUSC, 2002.
2. BRUCK, E.C., *et al. Unidades de Conservação no Brasil. Cadastramento e Legislação*. Brasília, IBAMA, 1995.
3. COMISSÃO MUNDIAL SOBRE MEIO AMBIENTE E DESENVOLVIMENTO. *Nosso Futuro Comum*. Rio de Janeiro, FGV, 1991.
4. INSTITUTO BRASILEIRO DO MEIO AMBIENTE. *Uma Proposta Interdisciplinar de Educação Ambiental*. Brasília, 1994.
5. SILVA, N. *Sobre o Sítio do Físico.* Informação Pessoal.
6. ORGANIZACIÓN MUNDIAL DEL TURISMO. *Directrices: Ordenación de los Parques Nacionales y Zonas Protegidas para el Turismo.* Madrid, 1992.
7. RUSCHMANN, D. *Turismo e Planejamento Sustentável: a Proteção do Meio Ambiente*. Campinas, Papirus, 1997.

Capítulo 9

Parque da Serra das Andorinhas: Gestão e Participação*

Sílvio Lima Figueiredo

Resumo

Avalia a situação do Parque Estadual da Serra das Andorinhas, em função da sua recente criação, e aborda os entraves e oportunidades da gestão do parque, com sugestões para uma administração sustentável e participativa.

Palavras-chave: *Parque da Serra das Andorinhas; Gestão de parques; ONG; Participação; Sustentabilidade.*

* Pesquisa em andamento financiada pela Secretaria de Ciência, Tecnologia e Meio Ambiente do Pará - SECTAM e desenvolvida pelo Centro de Geociências da Universidade Federal do Pará. O trabalho contou com a participação dos bolsistas: Josilete Redig, Julia Gorayeb, José Maria Reis e Fabio Lobato.

Introdução

A criação do Parque Estadual da Serra dos Martírios/Andorinhas foi um passo importante na política de conservação ambiental do Estado do Pará; no entanto, não se pode constituir um parque sem que ele tenha uma operacionalidade e possa se auto-sustentar. Dentro da problemática de implantação dos parques brasileiros, a principal discussão é a forma com que eles podem vir a cumprir seus objetivos: conservar o meio ambiente e servir de área para a visitação, a contemplação e o conhecimento, onde exatamente as atividades de lazer e turismo se inserem.

Já se fala no potencial turístico da região amazônica há muito tempo; porém, se por um lado não se tem estudos profundos sobre o turismo na região*, por outro, a atividade turística continua incipiente.

A região onde se localiza a Serra dos Martírios/Andorinhas faz parte do sudeste do Estado do Pará e apresenta um grande potencial para o desenvolvimento do turismo.

Dentre as características principais encontram-se pinturas rupestres (litogrifos), sítios arqueológicos, grutas e cavernas, estruturas ruiniformes, cachoeiras e diversos ecossistemas vegetais. A serra proporciona possibilidades de contemplação de paisagens naturais, valorizando a beleza cênica do local, e atração de turistas que podem ajudar, através dos efeitos multiplicadores da atividade, na resolução de problemas sociais e ambientais. Além das características naturais, as proximidades do Rio Araguaia projetam em municípios próximos um crescimento do turismo de lazer e praia, nas margens do rio, demanda que pode ser desviada para o Parque Estadual da Serra dos Martírios/Andorinhas, observando os cuidados necessários.

Na área encontra-se também potencial para a pesca esportiva, um dos segmentos do turismo que mais vem crescendo atualmente, juntamente com o ecoturismo, tipo de turismo que pressupõe o uso da educação ambiental e do controle do fluxo de turistas em áreas naturais.

No desenvolvimento da atividade turística é necessário que se verifiquem informações relevantes para perceber a real potencialidade do local e, ao mesmo tempo, orientar qualquer tipo de planejamento ou propostas para a região. A pesquisa tem a finalidade, além de inventariar os atrativos e equipamentos, não só do Parque, mas

---

* Assunto encontrado em Figueiredo[11,12].

também de sua área de influência - bases de apoio, como as sedes dos municípios próximos, compor um banco de dados com informações que possam ser disponibilizadas ao planejamento turístico; esse banco de dados e imagens será trabalhado em produtos que possam divulgar não só os resultados da pesquisa como um todo, mas também a própria região, começando assim um processo de troca de informações entre universidades e também o público em geral.

Os recursos utilizados na pesquisa são: fichas de inventário, definidas a partir de adaptações em propostas da Embratur[7] (Instituto Brasileiro de Turismo) e de Boullon[5], entrevistas com informantes-chave, observação sistemática, coleta de imagens fotográficas e vídeo. Foi feita também aplicação do método de cálculo de capacidade de suporte presente em Embratur[6] e futuro zoneamento proposto a partir de Ruschmann[15].

A pesquisa está em fase de conclusão e contou com a análise de uma equipe multidisciplinar nas áreas de Turismo, Geologia, Meteorologia, Biologia e Arqueologia. Assim, foi possível trocar experiências para que se pudesse estudar o parque e propor um uso racional que envolvesse a comunidade do local.

O Cenário Regional e Local

A região tem como origem de ocupação os garimpos nas margens do Rio Araguaia. O garimpo chamado Chiqueirão, localizado na cidade de Xambioá (atual Estado do Tocantins) provocou a migração, na década de 1940 e início de 1950, de pessoas das mais diversas regiões do país. O município de São Geraldo do Araguaia, onde a Serra das Andorinhas está localizada, na verdade se originou de uma vila cuja atividade principal era a compra de castanha e outros produtos. Essas atividades eram desenvolvidas em barracões, construídos principalmente por João Rego Maranhão em 1953, proprietário de terras. A cidade foi se desenvolvendo em áreas da família de João Rego até a grande enchente, na década de 1980, em que o povoado submergiu. Mais tarde, terras mais altas compuseram o novo povoado e foi o início do que viria a ser a sede do município de São Geraldo do Araguaia.

A vila de São Geraldo do Araguaia foi, portanto, desmembrada do município de Xinguara e, pela lei de nº 5.441, de 10 de maio de 1988, transformada em município.

Um dos principais acontecimentos da história da região foi a chamada Guerrilha do Araguaia, onde militantes de esquerda ligados ao Partido Comunista Brasileiro foram para a região com o objetivo de serem treinados em táticas de guerrilha e criar focos de resistência ao regime militar, que se instalou no país com o golpe de 1964. Estabeleceram-se principalmente nas localidades de Santa Cruz, Faveira, Caiano e Gameleira. Associando-se aos moradores da região, os guerrilheiros resistiram por algum tempo às investidas do exército, até 1975, quando foram aniquilados. Histórias de dor hoje fazem parte do *marketing* para promover a região e o turismo na Serra das Andorinhas.

O município está localizado na região sudeste do Estado do Pará e a sede tem como coordenadas 6°23'18" de latitude sul e 49°32'54" de longitude oeste, à margem esquerda do rio Araguaia. Limita-se ao norte com os municípios de São Domingos do Araguaia, Marabá e Brejo Grande do Araguaia. Ao Sul com o Estado do Tocantins (Rio Araguaia); a leste com o município de Palestina do Pará e o Estado do Tocantins (Rio Araguaia) e a oeste com o município de Piçarra e Eldorado do Carajás. A divisa entre o município e o Estado do Tocantins é o rio Araguaia. São Geraldo do Araguaia dista de Belém, a capital do Estado do Pará, 950km em linha reta.

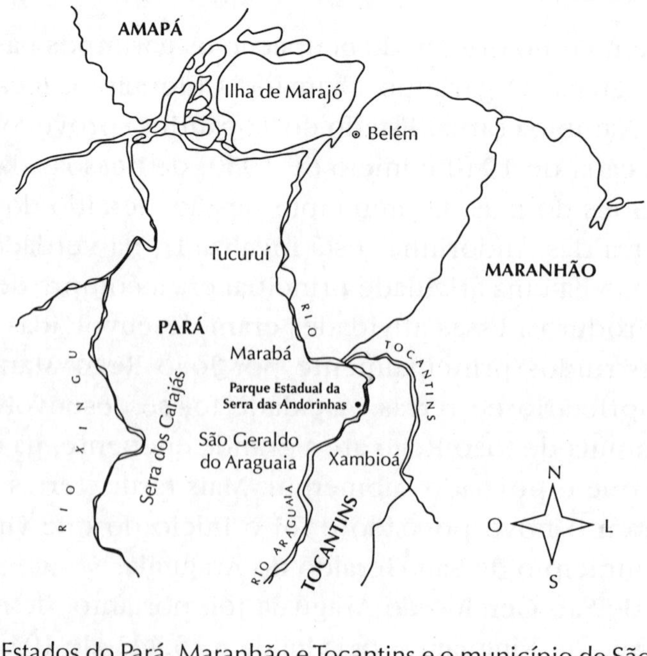

Figura 9.1 – Estados do Pará, Maranhão e Tocantins e o município de São Geraldo do Araguaia (Serra das Andorinhas).

A economia está voltada hoje para a pecuária extensiva, facilitada pela posição estratégica próxima a três Estados: Pará, Maranhão e Tocantins, e próxima à rodovia Belém-Brasília. Durante muito tempo a região viveu da extração da borracha e da coleta da castanha, o que ocasionou muitas disputas de terras e a formação de oligarquias que até hoje, latifundiárias, dominam o cenário econômico local[8]. A população é, na sua maior parte, formada por imigrantes goianos e nordestinos.

O Parque Estadual da Serra das Andorinhas

O Parque Estadual da Serra dos Martírios/Andorinhas foi criado em 1996, através da Lei nº 5.982. Localiza-se totalmente no município de São Geraldo do Araguaia, em uma área de aproximadamente 25 mil hectares, com o objetivo de preservar ecossistemas naturais, utilizando-os para fins científicos, culturais, educacionais, recreativos e turísticos. Também em 1996, pela lei nº 5.983, foi criada a APA (Área de Proteção Ambiental), que funcionaria com o objetivo de consolidar a preservação do parque, circundando-o.

Os aspectos naturais configuram a área em questão e interferem na possibilidade de uso turístico da área:

- Clima: médias anuais de 24°C. Média máxima em torno de 30° e mínima de 20°C. Média da precipitação anual: 1.750mm. Clima equatorial quente e úmido;
- Hidrografia: município banhado pelo rio Araguaia, com pequenos rios principalmente na serra, como o Sucupira;
- Vegetação: Floresta Ombrófila Densa (Amazônica);
- Ecossistemas: cerrado/cerradão; floresta mista; floresta densa; floresta semidecídua; floresta galeria; parque (veredas); campo litológico e floresta de várzea[2];
- Características do Parque: 94 sítios arqueológicos; 5.677 gravuras e pinturas rupestres; 42 cavernas (a maior com mais de 1.000 metros de desenvolvimento); 580 espécies de animais vertebrados (26 na lista dos ameaçados de extensão); estruturas ruiniformes; 34 cachoeiras (algumas com mais de 70m de queda livre); 80 espécies de orquídeas; 51 espécies de plantas para uso medicinal.

Dos principais atrativos naturais catalogados (e alguns atrativos culturais), os mais importantes são:

Cachoeira do Spanner

A Cachoeira do Spanner possui uma queda d'água com formações rochosas e a formação de um lago com água gelada e adequado ao banho. A trilha com destino à cachoeira passa por locais com inscrições rupestres. Considera-se a trilha com alto grau de dificuldade, pela quantidade de encostas que devem ser contornadas.

Cachoeira Santa Izabel

É na realidade uma corredeira, mas é conhecida como cachoeira pelos moradores da região. Na paisagem existem muitas rochas e serras. É perigosa devido à existência de muitas rochas em baixo da água; além disso, a correnteza é muito forte. É uma área propícia para a prática da canoagem e *rafting*.

Praia da Fundação

Localizada no alojamento da Fundação Serra das Andorinhas, é uma praia de água doce, água do Rio Araguaia, e é propícia para o banho.

Pedra da Bigorna e Brejo dos Padres

Um dos pontos mais altos da serra, a Pedra da Bigorna, com 576m, apresenta-se como um dos seus principais atrativos. Na trilha de acesso, uma grande quantidade de córregos potencializam a paisagem, até chegar no Brejo dos Padres, com várias formações rochosas ruiniformes e cachoeiras.

Cachoeira do Riacho Fundo

A cachoeira do Riacho Fundo forma-se em área de encosta da Serra das Andorinhas, divide-se em três saltos d'água, sendo um bem extenso e os outros dois mais curtos, com águas límpidas e frias.

Ilha dos Martírios

Ilha com grande incidência de inscrições rupestres, em formações rochosas (quartzitos). A fauna, principalmente aquática, é abundan-

Figura 9.2 – Inscrição rupestre na Ilha dos Martírios, Serra das Andorinhas (Foto: Julia Gorayeb).

te. A ilha corre o risco de desaparecer no lago que será formado pela hidrelétrica de Santa Izabel.

Pedral do Araguaia

É composto por formações rochosas (quartzito) que, em função de seus formatos, cor e textura, proporcionam uma beleza cênica muito grande. O Pedral só pode ser visualizado na época do ano em que o rio Araguaia está mais seco.

Figura 9.3 – Pedral do Araguaia (Foto: Julia Gorayeb).

Arqueologia

Um dos principais motivadores da visitação da Serra das Andorinhas é, sem dúvida, os sítios arqueológicos que se encontram no Parque. A quantidade de sítios surpreende e a atratividade de locais com inscrições e pinturas rupestres potencializa a área para diversos segmentos da atividade turística. A área toda está sendo pesquisada desde 1978[2], quando o sítio do Espírito Santo, em Marabá, foi descoberto (PA-AT-10).

Para isso, foi criado o Núcleo Arqueológico de Marabá, a partir do apoio técnico do MPEG (Museu Paraense Emílio Goeldi), instituição de pesquisa que traz, dentro de seus objetivos, a pesquisa arqueológica na Amazônia.

O núcleo tem como objetivo conservar e preservar os sítios através de debates, palestras em comunidades e municípios, conservando e divulgando o patrimônio arqueológico.

Foram encontrados 98 sítios habitação, 67 abrigos sob rocha, 14 sítios oficina, 10 sítios arte rupestre (5 com gravuras a céu aberto e 5 com pinturas no interior dos abrigos). Segundo Atzingem *et al.*[2], os sítios Pedra Escrita, Pintado, Pedra Pintada, Manoel, Abrigo Marmita, Neblina, Condon e Ilha dos Martírios apresentam 5.822 gravuras e pinturas rupestres.

Figura 9.4 – Inscrição rupestre (Foto: Julia Gorayeb).

O potencial para o turismo é enorme, haja vista a importância do patrimônio arqueológico da região e a beleza e plasticidade das gra-

Tabela 9.1 – Principais sítios arqueológicos da Serra das Andorinhas (e áreas próximas)

Nome	*Tipo de Sítio*	*Ano*
Araguaia	Abrigo sob rocha	1989
Arco	Abrigo sob rocha	1989
Areia	Abrigo sob rocha	1989
Beira Rio	Sítio habitação/aberto	1992
Boa Ventura	Sítio habitação/aberto	1992
Brejos dos Padres	Abrigo sob rocha	1989
Cachoeira	Abrigo sob rocha	1989
Condon	Abrigo sob rocha/Sítio de arte rupestre	1992
Dois Riachos	Abrigo sob rocha	1995
Forquilhas	Abrigo sob rocha	1992
Fundação	Sítio habitação/aberto	1993
Gameleira	Sítio habitação/aberto	1995
Gentil	Abrigo sob rocha	1992
Gonçalo	Sítio habitação/aberto	1994
Guirajuba	Abrigo sob rocha	1993
Ilha	Sítio habitação/aberto	1994
Ilha dos Martírios	Abrigo sob rocha/Sítio de arte rupestre	1987
Laranja Azeda	Sítio habitação/aberto	1992
Manoel	Abrigo sob rocha/Sítio de arte rupestre	1992
Nazaré	Sítio habitação/aberto	1997
Neblina	Abrigo sob rocha/Sítio de arte rupestre	1992
Pedra Armada	Abrigo sob rocha	1987
Pedra Escrita	Sítio de arte rupestre	1987
Pedra Escrita	Abrigo sob rocha	1989
Pedra Pintada	Abrigo sob rocha/Sítio de arte rupestre	1989
Pedral	Abrigo sob rocha	1989
Pintado	Abrigo sob rocha/Sítio de arte rupestre	1989
Queimado	Sítio habitação/aberto	1989
Reflorestamento	Sítio habitação/aberto	1992
Riacho Fundo	Sítio habitação/aberto	1989
Risco	Abrigo sob rocha	1989
Rocha Solta	Abrigo sob rocha	1989
Santa Cruz	Sítio habitação-aberto/Sítio cemitério	1987
Santuário	Abrigo sob rocha	1992
Sucupira	Abrigo sob rocha	1989

Adaptado de Atzingem *et al*[2].

vuras e pinturas, que remete o visitante a outras épocas, ao início da vida humana na região. Os aspectos turísticos identificados aqui dizem respeito ao misticismo e à mágica do lugar, além do aspecto natural, histórico, cultural e arqueológico.

Além da arqueologia, a Festa do Divino, realizada na Casa de Pedra (conjunto de abrigos rochosos que foram ocupados por grupos pré-históricos, alguns com pinturas rupestres) é um recurso importante. A festa é composta por rezas, terços, procissões e cantorias realizadas pelos devotos, na comemoração do pentecostes[1].

Parque: Gestão, Planejamento e Participação

A gestão do parque se mostra ainda em processo de instalação. A sociedade FSA (Fundação Serra das Andorinhas), organização não governamental, foi criada em 1989 com o objetivo de preservar o local.

Figura 9.5 – Alojamento da Fundação (Foto: Julia Gorayeb).

A FSA possui instalações em São Geraldo do Araguaia e em dois locais da serra: um alojamento próximo à vila de Santa Cruz e outro próximo ao riacho Sucupira. Esses alojamentos e todas as atividades realizadas pela fundação fazem com que o turismo seja utilizado pelo parque para gerar recursos, ainda que de forma incipiente.

Em maio de 2001, a SECTAM, Secretaria de Estado que administra o parque, fomentou uma oficina de planejamento com o objetivo de consolidar um documento com as linhas, objetivos e estratégias para a gestão do parque e da APA, assim como fortalecer as parcerias já atuantes, ampliar o leque de parcerias para o trabalho desenvolvido pela FSA, planejar as metas e estratégias, bem como um conjunto de prioridades. Além desses objetivos, a oficina proporcionou:

- Identificar os problemas para a manutenção e preservação do parque;
- Estabelecer um elenco das demandas de natureza técnica para a continuidade dos trabalhos de levantamento científico no parque;
- Hierarquizar as prioridades para a efetivação de pesquisas e melhoramento de infra-estrutura;
- Implementar e difundir alternativas de produção sustentável para as populações do entorno do Parque Estadual da Serra das Andorinhas, priorizando o ecoturismo e a agregação de tecnologias alternativas ecologicamente testadas e economicamente viáveis;
- Definir estratégias para promoção de uma campanha de *marketing* para divulgação promocional do parque;
- Definir metas e parcerias para a implementação dos conselhos consultivos e deliberativos para a gestão do parque e da APA.

Os principais problemas do parque são:

- Não há um comitê gestor no parque e na APA, além da falta de articulação entre as instituições envolvidas;
- A inexistência de plano de manejo;
- A falta de controle das queimadas no parque e APA: não existe fiscalização;
- A ausência de incentivos econômicos ligados à preservação ambiental;
- Ausência de informações sobre os problemas da hidrelétrica de Santa Izabel;
- A inexistência de uma política de ecoturismo no parque, sem recursos humanos especializados, sem estudos para a elaboração de produtos turísticos diversificados, sem estrutura compatível com o ecoturismo e sem *marketing* turístico para a região, roteiros e recursos;
- Programa de educação ambiental inexistente: a cultura local não é valorizada;
- A questão fundiária é um problema grave, com invasões nas áreas da APA e do parque;

- Gestão e planejamento: falta de integração entre as entidades envolvidas e a comunidade, que realizam planejamento e gestão de forma isolada, sem articulação das ações realizadas e previstas.

Conclusão

Com base em Boo[3], é possível montar um modelo em que os problemas do parque sejam amenizados, a partir da integração de instituições responsáveis pelo parque, a inclusão de planejamento anterior à exploração da atividade turística, além da participação popular. A autora formula três fases no planejamento de áreas protegidas: a fase da avaliação da situação atual e do potencial turístico; a fase da criação do plano, a partir da definição do tipo e nível de turismo desejado; e a fase em que o plano deve ser redigido e colocado em prática. O Parque da Serra das Andorinhas ainda não passou por essas etapas e o que deve ser levado em consideração, além das observações anteriores, é a necessidade de participação popular que, obviamente, não se restrinja a participações em oficinas de planejamento.

Referências Bibliográficas

1. ATZINGEN, N. *et al.* O Núcleo Arqueológico de Marabá. *Boletim Informativo Fundação Casa da Cultura de Marabá*. Marabá, 1999.
2. ATZINGEN, N.; CARDOSO, A.; ILKIU-BORGES, A. Flora Orquidológica da Serra das Andorinhas, São Geraldo do Araguaia - PA. *Boletim do Museu Paraense Emílio Goeldi*, Série Botânica, 12(1), 1996.
3. BOO, E. O Planejamento Ecoturístico para Áreas Protegidas. *In*: LINDBERG, K.; HAWKINS, D. (Org.). *Ecoturismo: Um Guia para Planejamento e Gestão*. São Paulo, Senac, 1995.
4. BOO, E. *Ecoturismo: Potenciales y Escollos*. Lancaster, Word Wildlife Found and the Conservation Fundation, Washington D.C., 1990.
5. BOULLON, R. *Planificación del Espacio Turístico*. México, Trillas, 1986.
6. EMBRATUR. *Normas para Ocupação do Território*. Rio de Janeiro, 1975.
7. EMBRATUR. *Inventário da Oferta Turística*. Rio de Janeiro, 1978.
8. EMMI, M. *A Oligarquia do Tocantins e o Domínio dos Castanhais*. Belém, NAEA/UFPA, 1999.
9. FIGUEIREDO, S.L. Turismo e Cultura. *In*: LEMOS, A. (org.). *Turismo: Impactos Sócio-ambientais*. São Paulo, Hucitec, 1996.
10. FIGUEIREDO, S.L. Planejamento do Turismo na Amazônia, Notas sobre a Participação Popular. *Revista do Centro Sócio-Econômico-UFPA*, 2(2), 1995.
11. FIGUEIREDO, S.L. Ecoturismo e Desenvolvimento Sustentável. Alternativa de Desenvolvimento para a Amazônia? *In*: FIGUEIREDO, S.L. (Org.). *O Ecoturismo e a Questão Ambiental na Amazônia*. Belém, NAEA/UFPA, 1999.
12. FIGUEIREDO, S.L. *Ecoturismo, Festas e Rituais na Amazônia*. Belém, NAEA/UFPA, 1999.

13. IDESP. *Projeto de Geminação de um Parque Estadual no Estado do Pará e um Parque Natural em Portugal - Relatório Final (Versão Preliminar)*. Belém, 1996.
14. MOLINA, S. *Turismo y Ecologia*. México, Trillas, 1991.
15. RUSCHMANN, D. *O Planejamento do Turismo e a Proteção do Meio Ambiente*. Tese de doutorado. São Paulo, ECA/USP, 1994.
16. SUDAM/OEA/MMA. *Estratégia para o Desenvolvimento do Integrado do Ecoturismo na Amazônia Legal*. s.l., 1997a.
17. WESTER, D. Definindo Ecoturismo. *In*: LINDBERG, K.; HAWKINS, D. (Org.). *Ecoturismo: um Guia para Planejamento e Gestão*. São Paulo, Senac, 1995.

Parte IV

Atividade Turística em Áreas Naturais e Turismo Rural

Capítulo 10

Proposta Metodológica para Exploração Turística de Áreas Rurais: o Caso da Fazenda Santa Cecília

Fabíola Saporiti Angerami de Andrade
Francisco Sérgio Bernardes Ladeira

Resumo

Este trabalho propõe uma metodologia de levantamentos de potenciais turísticos em áreas rurais, que teve como estudo de caso a Fazenda Santa Cecília, no município de Cajuru (SP). Essa proposta envolve uma seqüência de trabalho organizado em grupos multidisciplinares (Meio físico-biótico, Meio histórico-cultural e Gestão), até a concepção de produtos turísticos a partir das informações de inventário e de demanda.

Palavras-chave: *Planejamento turístico; Turismo rural; Ecoturismo; Educação ambiental.*

INTRODUÇÃO

Nesse início de século observa-se com nitidez algumas alterações pelas quais alguns setores da economia têm passado. Atividades relacionadas aos setores de serviços, como entretenimento, gastronomia, lazer, viagens e turismo passaram a tomar mais espaço na economia de inúmeros países. Essas atividades não só são capazes de gerar uma quantidade considerável de trabalho, pois exigem a presença humana direta no trato com o cliente, como podem ser catalisadoras de transformações sociais importantes em regiões onde o modelo urbano-industrial tradicional não funciona. Elas têm também um caráter bastante conservador quanto ao patrimônio ambiental e cultural.

Como uma das motivações do homem urbano na hora da "escapada" passa pelo retorno às suas origens, o espaço rural se transforma em um destino valorizado e admirado para viagens de lazer, descanso e atividades familiares.

A importância da educação ambiental é outro ponto de destaque na motivação da ida ao campo. Cada vez mais escolas, clubes, centros específicos têm buscado o campo como recurso para a objetivação de um ensino integrado com foco na formação de um cidadão consciente, responsável e crítico quanto a seu espaço.

Alguns proprietários de áreas rurais têm percebido o enorme potencial de demanda para o campo e buscado adequar suas propriedades para receber visitantes. É importante salientar que as dificuldades da agricultura e da agropecuária nacionais são um fator preponderante na decisão dos proprietários em aceitar e implantar atividades de serviços diversificando, assim, a produção das fazendas. Gado, café, cana e outras culturas estão, hoje, dividindo espaço com um conjunto de atividades ligadas ao lazer, educação, turismo e a prestação de serviços em geral em vários estados brasileiros, como já aconteceu em países como França, Itália, Chile, Portugal, entre outros.

Os potenciais turísticos das fazendas brasileiras são encontrados em sua arquitetura peculiar, nos equipamentos utilizados em outras épocas, no seu modo de vida, nas práticas agrícolas, em seus remanescentes florestais, em sua gastronomia típica, em suas histórias e em seu passado.

Atividades de lazer, turismo e educação no espaço rural se apresentam como uma alternativa de complementação de renda para as propriedades rurais tradicionais e podem se dar por meio do turismo rural, do ecoturismo, do turismo cultural, do turismo de aventura, do turismo científico, do turismo pedagógico, passeios de um dia, festas tradicionais, entre outros segmentos.

A Fazenda Santa Cecília, localizada no município de Cajuru, nordeste do Estado de São Paulo (Anexo 1), preparando-se para entrar nesse novo mercado, solicitou à Universidade de Franca, no ano de 2001, um estudo de potencialidade turística da propriedade por meio do curso de Turismo. O estudo desenvolvido por docentes e alunos do curso de Turismo e docentes do curso de Ciências Biológicas foi um exercício de extensão universitária que teve por objetivo identificar o potencial de lazer e turismo para a Fazenda Santa Cecília, em Cajuru, sugerindo adaptações e orientações para que sua respectiva área pudesse ser transformada em um produto do setor de serviços, especificamente de educação, turismo, lazer e entretenimento. Para isso, uma metodologia de trabalho foi desenvolvida pelos responsáveis pelo projeto, a qual será detalhada nesse artigo.

Desenvolvimento do Assunto

Procedimentos Metodológicos

A justificativa da Universidade de Franca em aceitar a parceria era basicamente o objetivo de proporcionar a seus alunos uma atividade prática em elaboração de projeto turístico por meio de um projeto de extensão universitária.

A proposta metodológica para o desenvolvimento do projeto baseou-se na divisão de trabalho em áreas de interesse verificados depois de uma primeira visita à propriedade após o contato com os proprietários Renato Oliva e Cecília Sampaio Moreira Oliva. Nessa primeira visita, foi possível diagnosticar que a Fazenda Santa Cecília conta com um grande acervo de atrativos naturais, como rios, lagoas, flora e fauna, e também um relevante conjunto de atrativos culturais relacionados com a produção de café e da cana-de-açúcar, a cultos e serviços, e itens que fizeram parte do dia-a-dia da sociedade rural que se constituiu no passado da Fazenda.

Para a adequada condução do projeto houve a necessidade de envolver docentes das áreas de Turismo, Geografia, História, Biologia, Ecologia e Administração, comprovando o caráter multi e interdisciplinar do planejamento turístico.

Dentro da proposta foram constituídos três grupos de trabalho:

- *Meio histórico-cultural:* responsável pelo levantamento histórico da fazenda, pela verificação de sua infra-estrutura e seus atrativos culturais;
- *Meio natural:* responsável por estudos da área verde da fazenda e, conseqüentemente, por seus atrativos naturais, tais como trilhas, estudos em rochas, vegetação, fauna e educação ambiental;
- *Gestão:* responsável pela pesquisa de demanda, definição de roteiros, plano de capacitação e treinamento de monitores, gestão interna, divulgação e *marketing*.

Os grupos de meios natural e histórico iniciaram o trabalho pelo inventário da Fazenda, o qual deveria corresponder à descrição da área analisada procurando estabelecer quais as potencialidades turísticas da mesma. Com os dados relativos ao inventário foi possível se pensar o planejamento das atividades de turismo e lazer, procurando criar uma atividade econômica sustentável, que impactasse o menos possível os ambientes físico, cultural e social da localidade revertendo, na medida do possível, quadros de degradação e abandono encontrados.

A proposta metodológica sugere um inventário organizado em três tópicos: Meio físico-biótico, onde são elencados os recursos naturais da Fazenda; Meio histórico-cultural, que consta da potencialidade arquitetônica, cultural e social da propriedade; e Infra-estrutura, onde se pode verificar as bases para a possível instalação do produto turístico na fazenda, como acesso, fornecimento de energia, água e tratamento de resíduos.

Os trabalhos de levantamento no meio físico abrangeram as seguintes etapas:

- Levantamento/interpretação das informações preexistentes;
- Trabalhos de campo preliminares para reconhecimento da área e definição das estratégias para o trabalho de campo sistemático;
- Trabalho de campo sistemático;
- Confecção dos esboços cartográficos;
- Retorno a campo para correções dos levantamentos anteriores;
- Digitalização das informações em mapas finais;
- Redação do relatório.

Todos os mapas foram homogeneizados e digitalizados em uma mesma escala (1:50.000) para facilitar as comparações e interpolações necessárias.

Os produtos digitais foram realizados com auxílio dos programas CorelDraw, e Surfer, resultando nos seguintes produtos cartográficos: carta topográfica, bloco diagrama, mapa geológico, mapa pedológico, mapa hidrográfico e mapa de uso do solo.

Para os estudos de meio histórico-cultural e levantamentos de infra-estrutura, foram seguidas as seguintes etapas:

- Pesquisa de gabinete em relação à constituição da fazenda, à disposição e tamanho dos imóveis na propriedade, aos documentos gerais à documentação fotográfica existentes;
- Verificação *in loco* do patrimônio, verificando-se sua localização, seu estado de conservação, uso atual e conferência de metragem e disposição dos cômodos;
- Pesquisa *in loco* de toda rede de energia, águas, telefonia, acessos e segurança da fazenda.

Os dados básicos dos grupos de meio físico-biótico e meio histórico-cultural (atrativos e infra-estrutura) foram sistematizados em mapas e relatórios e encaminhados para o grupo de gestão para continuidade do projeto.

O grupo de gestão iniciou seus trabalhos na busca de informações sobre a potencial demanda turística para a Fazenda Santa Cecília. Conforme indicação de estudos do segmento de turismo no espaço rural, sugere-se que a demanda potencial inicial seja tomada num raio de 100km a partir da entrada da Fazenda[1]. A partir dessa referência selecionaram-se as cidades com mais de 15 mil habitantes nesse raio para se obter os números estimados de demanda potencial.

Com base na realidade do turismo rural regional e de referências diversas, constatou-se que alguns segmentos potenciais para a fazenda seriam a terceira idade e grupos escolares, além dos tradicionais grupos familiares. Assim buscou-se junto ao IBGE (Instituto Brasileiro de Geografia e Estatística) dados sobre essa populações específicas: acima de 60 anos e a população que freqüenta escola. Os dados empregados eram do ano de 1997.

Do cruzamento das informações de inventário e de demanda iniciou-se a criação de produtos e roteiros turísticos para a Fazenda. Foram criados roteiros no meio natural, mais direcionados à educação ambiental, ecoturismo e esportes radicais, e roteiros culturais, aproveitando-se da riqueza do patrimônio ali existente para estudos gerais e para eventos religiosos, folclóricos e festivos, assim como a possibilidade de eventos de negócios.

Devido à variedade de atrativos, também foi possível criar-se uma segmentação por idades, utilizando-se das diferentes características das áreas naturais e culturais da fazenda, como o relevo interferindo no grau de dificuldade das trilhas, o volume de água do rio, a distância das bases de apoio sugeridas e da própria segurança oferecida.

Dentro da metodologia que está sendo descrita foi realizado um estudo das adaptações necessárias para a implantação das atividades de lazer, educação e turismo na fazenda. Essas abrangem aspectos arquitetônicos, de infra-estrutura, paisagísticas, de sinalização, de uso do ambiente natural e de recursos humanos.

Como o projeto não envolvia uma análise de viabilidade econômica da atividade, encerrou-se com propostas de gestão de recursos humanos e algumas alternativas de *marketing* para as sugestões de produtos.

Síntese dos Resultados de Inventário

Meio físico-biótico

A Fazenda Santa Cecília localiza-se na Bacia do Rio Pardo, apresentando grande diversidade de características geológicas, geomorfológicas, pedológicas e de flora e fauna.

Possui duas formações geológicas (Pirambóia e Serra Geral), que conferem à área significativos ressaltos topográficos, tipos de solo e padrões de drenagem.

Os canais de drenagem que cortam a fazenda são de pequeno porte, não permitindo muitas possibilidades de lazer, inclusive sem a presença de quedas d'água, sendo a exceção o Rio Cubatão, que apresenta um maior caudal que permitiria atividades em seu leito.

O uso do solo apresenta grande diversidade com áreas cultivadas, basicamente cana-de-açúcar e pastagens, e matas nativas com diferentes graus de conservação, tanto correspondendo às áreas de cerradões como às de florestas tropicais fatifoliadas semidecíduas (Anexo 2). Dentro das áreas de mata conservada encontra-se uma fauna abundante, de onças-pardas, macacos-pregos, veados, sagüis e diversas espécies de aves.

Meio histórico-cultural

O surgimento da Fazenda Santa Cecília, antiga Fazenda Carlota, está diretamente relacionado com a expansão da cafeicultura no "oeste" paulista, que atingiu a região de Ribeirão Preto no ano de 1880. Houve um momento de apogeu quando havia mais de um milhão de pés de café em cultivo na Santa Carlota e o processo de mecanização havia modernizado a produção e o transporte do café. Dali as sacas eram transportadas para uma pequena estação ferroviária (Estação Sampaio Moreira), construída próxima à tulha.

O plantio de café resiste até meados da década de 1980, quando perde terreno para a soja e o milho e, nos anos 90, para a produção arrendada de cana-de-açúcar voltada para a produção de açúcar e álcool combustível.

O conjunto arquitetônico da Fazenda Santa Cecília é bastante relevante (Anexo 3). O conjunto é composto, atualmente, por 42 edifícios, incluindo a estação de trem Sampaio Moreira. O número de edifícios era muito superior na época áurea do café, mas muitos tiveram de ser demolidos devido à precária situação em que se encontravam. Os principais edifícios são casa-sede; casas de colônia; babaçu; casa amarela; edifício administrativo; torre da sirene; terreiro de café; tulha; barracões; engenho; sede do clube; capela Santa Cecília e a estação de trem "Sampaio Moreira".

Infra-estrutura

A fazenda Santa Cecília é muito bem localizada. Sua entrada principal fica às margens da Rodovia SP-338, que liga Mococa a Altinópolis e cujo estado de conservação da cobertura asfáltica é bastante satisfatório. Dista aproximadamente 300km da capital do Estado de São Paulo e 65km do município de Ribeirão Preto. Para deslocamento dentro da fazenda, utiliza-se estradas e carreadores. Nos períodos das chuvas e de safra de cana-de-açúcar pode ser necessário um veículo especial para evitar os atoleiros e irregularidade no caminho; nas demais épocas do ano, trafega-se sem problemas pela fazenda. Percebe-se deficiências em termos de sinalização externa e interna.

O fornecimento de energia elétrica é feito via distribuidora privatizada, no caso a CPFL (Companhia Paulista de Força e Luz). Os serviços de telefonia fixo e celular estão disponíveis na Fazenda. A CTBC é responsável tanto pelos números de linhas fixas como dos celulares tradicionais. O serviço de telefonia é através de celular rural. Toda água da fazenda é originária de minas próprias e todas a casas da fazenda têm fossas sépticas ou fossas secas.

Todas as grandes construções da fazenda estão equipadas com pára-raios e os prédios que já foram reformados estão sendo equipados com sistema de alarme por monitoramento, o qual aciona uma empresa de Mococa.

Síntese dos Estudos de Demanda

A região delimitada sob o critério de raio 100km abrange o nordeste do Estado de São Paulo e sudeste do Estado de Minas Gerais. As características socioeconômicas da região são particularmente interessantes para atividades de lazer. Como exemplo de demanda, as classes A e B da cidade de Ribeirão Preto gastam aproximadamente US$ 50 milhões por ano em recreação e cultura e US$ 40 milhões em viagens por ano.

Os dados obtidos no *site* do IBGE relacionam os valores de população total para todos os municípios potenciais para o produto turístico "Fazenda Santa Cecília" totalizando, no ano de 2000, 2.556.375 habitantes na área em questão.

Como a oferta cultural e ambiental da fazenda é muito significativa, imagina-se que um dos segmentos mais importantes para o produto seja o turismo educativo, pedagógico ou cultural. Os números referentes à população que está freqüentando escolas na região em estudo totaliza 637.101 alunos entre os cursos fundamental, médio, superior e técnico.

Outro segmento que se destaca no turismo contemporâneo é o turismo de terceira (ou maior) idade. Grupos de pessoas já aposentadas com certo poder aquisitivo têm buscado uma melhor qualidade de vida viajando e fazendo passeios de um dia. Para se conhecer qual o público potencial nesse segmento, foi levantada a população acima de 60 anos da área em estudo e o resultado obtido foi de 223.596 pessoas.

Possíveis Produtos Turísticos e de Lazer

Entre os maiores destaques da Fazenda Santa Cecília estão a suas instalações e áreas naturais conservadas. Esses recursos podem ser explorados didaticamente. O grupo de monitoria e lazer é imprescindível nesse segmento, preparando gincanas, teatros, atividades lúdicas e recreativas para os visitantes.

Um primeiro roteiro sugerido tem caráter histórico e abrange visitações às edificações da fazenda que estão associadas ao cultivo do café e cana-de-açúcar. Um outro aborda o meio natural, possibilitando a percepção da correlação entre tipos de rochas, tipos de solo e cobertura vegetal e fauna associadas. Foi possível estabelecer três diferentes trilhas nas áreas naturais da fazenda. Roteiros de aventura podem ser desenvolvidos no Rio Cubatão em atividades de *rafting* e bóia-*cross*.

Outros roteiros específicos para a terceira idade, para famílias e visitantes em geral, festas folclóricas aproveitam principalmente a sede do clube, a capela e outras construções vizinhas para sua realização.

Atividades relacionadas a eventos, apesar de possíveis, implicam em uma série de benfeitorias, necessitando de investimentos mais elevados para serem realizadas.

As propostas de uso turístico podem ser visualizadas no Anexo 4.

Síntese das Recomendações Administrativas

Como qualquer atividade comercial no meio urbano, as atividades de lazer no meio rural devem funcionar como uma empresa, seja ela micro ou pequena, firma individual, sociedade comercial ou outra. A firma deve ser registrada e pagar seus tributos normalmente, assim como emitir notas ou recibos fiscais. Deverá ter alvará de funcionamento, alvará da vigilância sanitária e vistoria do corpo de bombeiros.

Para a gestão da empresa turística é recomendado estabelecer basicamente os seguintes controles:

- Cadastro de clientes: tem o objetivo de registrar os dados dos visitantes e fornecer informações para futuras atividades de *marketing*;
- Controle de reservas: tem a finalidade de organizar uma agenda das atividades futuras, permitindo o planejamento e dimensionamento dos recursos necessários;
- Controle de estoque: tem a finalidade de registrar as entradas e saídas de mercadorias utilizadas pela empresa;
- Controle de pessoal: registra a presença e horários dos funcionários;
- Fluxo de caixa: apresenta o movimento financeiro periódico do negócio;
- Contas a pagar e a receber;

- Demonstrativo de resultados: possibilita o acompanhamento geral do desenvolvimento das atividades.

O processo administrativo deve ser dinâmico, mudanças no comportamento da demanda turística são comuns e o produto deve ser ágil para se adaptar às flutuações do mercado.

Síntese das Recomendações de *Marketing*

Tendo sido criado um bom produto, o passo seguinte é cultivar uma imagem e uma marca para o mesmo, o que se chama de "imagem institucional". Ela fará com que a empresa fique conhecida e claramente identificada no mercado.

Contribuem para uma imagem positiva do produto turístico o bom atendimento, a responsabilidade social e ambiental da empresa e também o fato dela estar inserida em uma zona receptiva de turismo dentro do segmento escolhido, como "cidades históricas" em Minas Gerais, ou "Costa do Descobrimento" na Bahia. No caso da Fazenda Santa Cecília, poderia haver uma associação com outras fazendas das cidades vizinhas, criando uma região associada à história do café, dos casarões e dos barões da Alta Mogiana. Alguns proprietários rurais já estão se movimentando nesse sentindo.

CONCLUSÃO

Essa metodologia mostrou-se bastante eficiente para os levantamentos de potencial turístico no meio rural, pois foi possível diagnosticar e caracterizar toda a Fazenda Santa Cecília, deixando um material consistente para futuros estudos complementares sobre a viabilidade de atividades turísticas e de lazer na fazenda em questão.

Referência Bibliográfica

1. BOULLÓN, R.C. *Planificación des Espacio Turístico*. México, Trillas, 1999.

Anexo 1

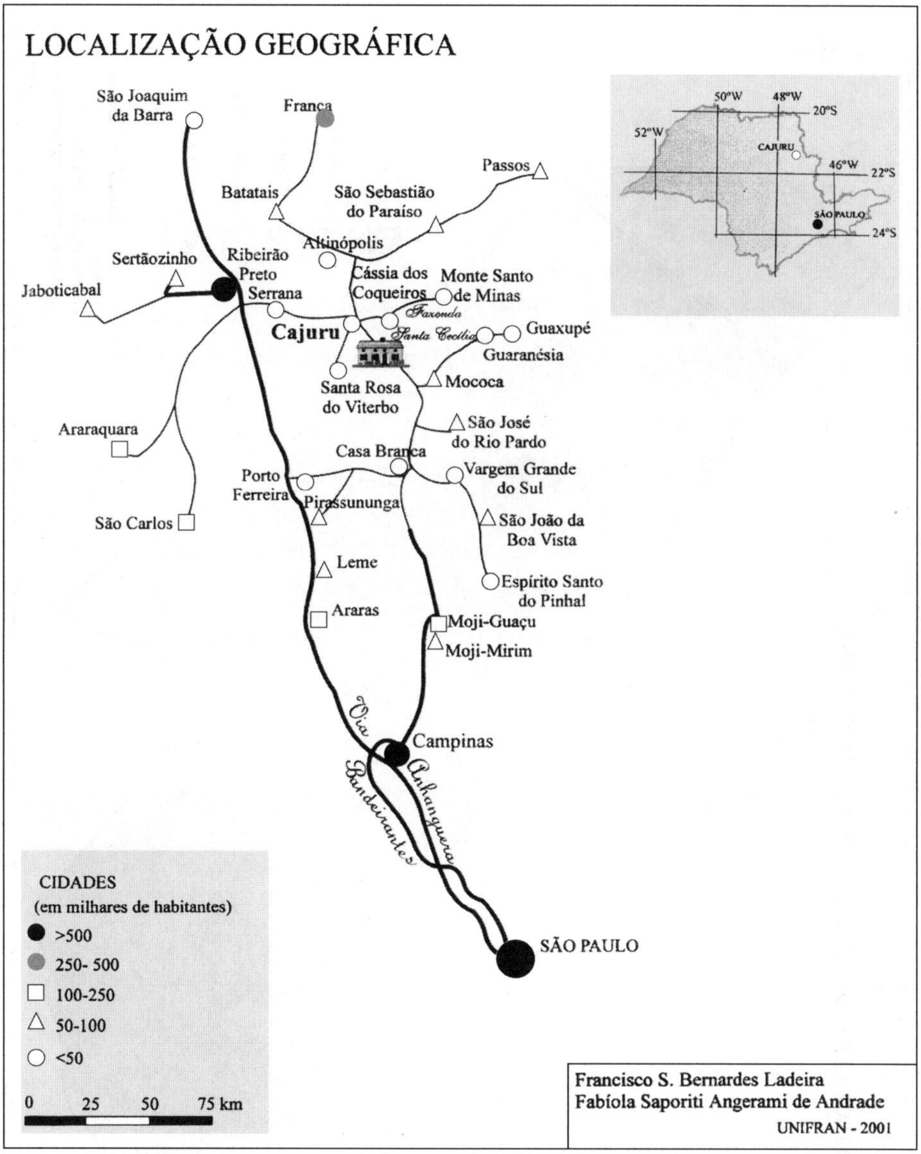
LOCALIZAÇÃO GEOGRÁFICA
São Joaquim da Barra
Franca
Passos
Batatais
São Sebastião do Paraíso
Altinópolis
Sertãozinho
Ribeirão Preto
Jaboticabal
Serrana
Cássia dos Coqueiros
Monte Santo de Minas
Fazenda Santa Cecília
Cajuru
Guaxupé
Guaranésia
Santa Rosa do Viterbo
Mococa
São José do Rio Pardo
Araraquara
Casa Branca
Porto Ferreira
Pirassununga
Vargem Grande do Sul
São Carlos
São João da Boa Vista
Leme
Espírito Santo do Pinhal
Araras
Moji-Guaçu
Moji-Mirim
Via Anhanguera
Bandeirantes
Campinas
SÃO PAULO
50°W
48°W
20°S
52°W
CAJURU
46°W
22°S
SÃO PAULO
24°S
CIDADES
(em milhares de habitantes)
>500
250- 500
100-250
50-100
<50
0 25 50 75 km
Francisco S. Bernardes Ladeira
Fabíola Saporiti Angerami de Andrade
UNIFRAN - 2001

ANEXO 2

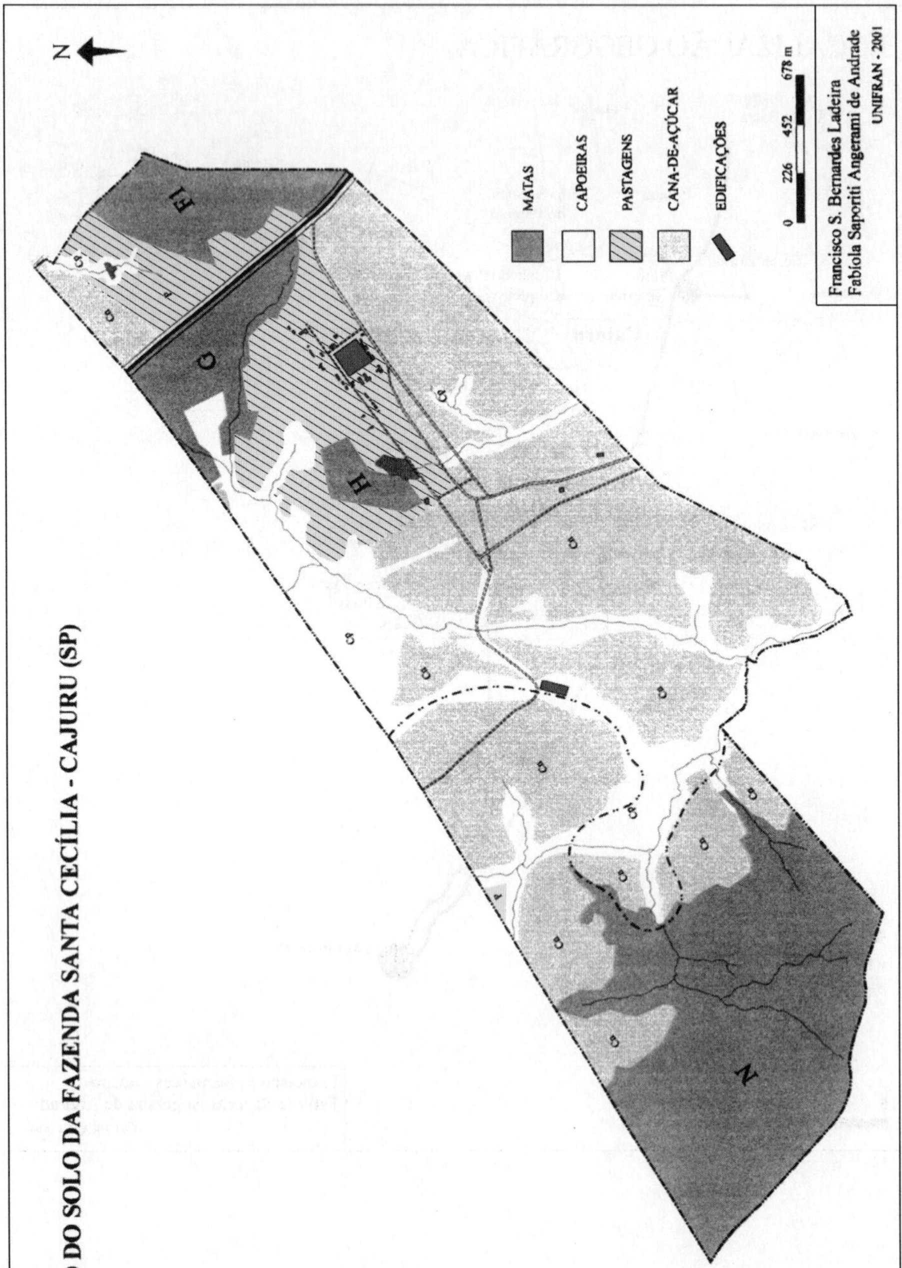
USO DO SOLO DA FAZENDA SANTA CECÍLIA - CAJURU (SP)
N
MATAS
CAPOEIRAS
PASTAGENS
CANA-DE-AÇÚCAR
EDIFICAÇÕES
0 226 452 678 m
Francisco S. Bernardes Ladeira
Fabíola Saporiti Angerami de Andrade
UNIFRAN - 2001

ANEXO 3

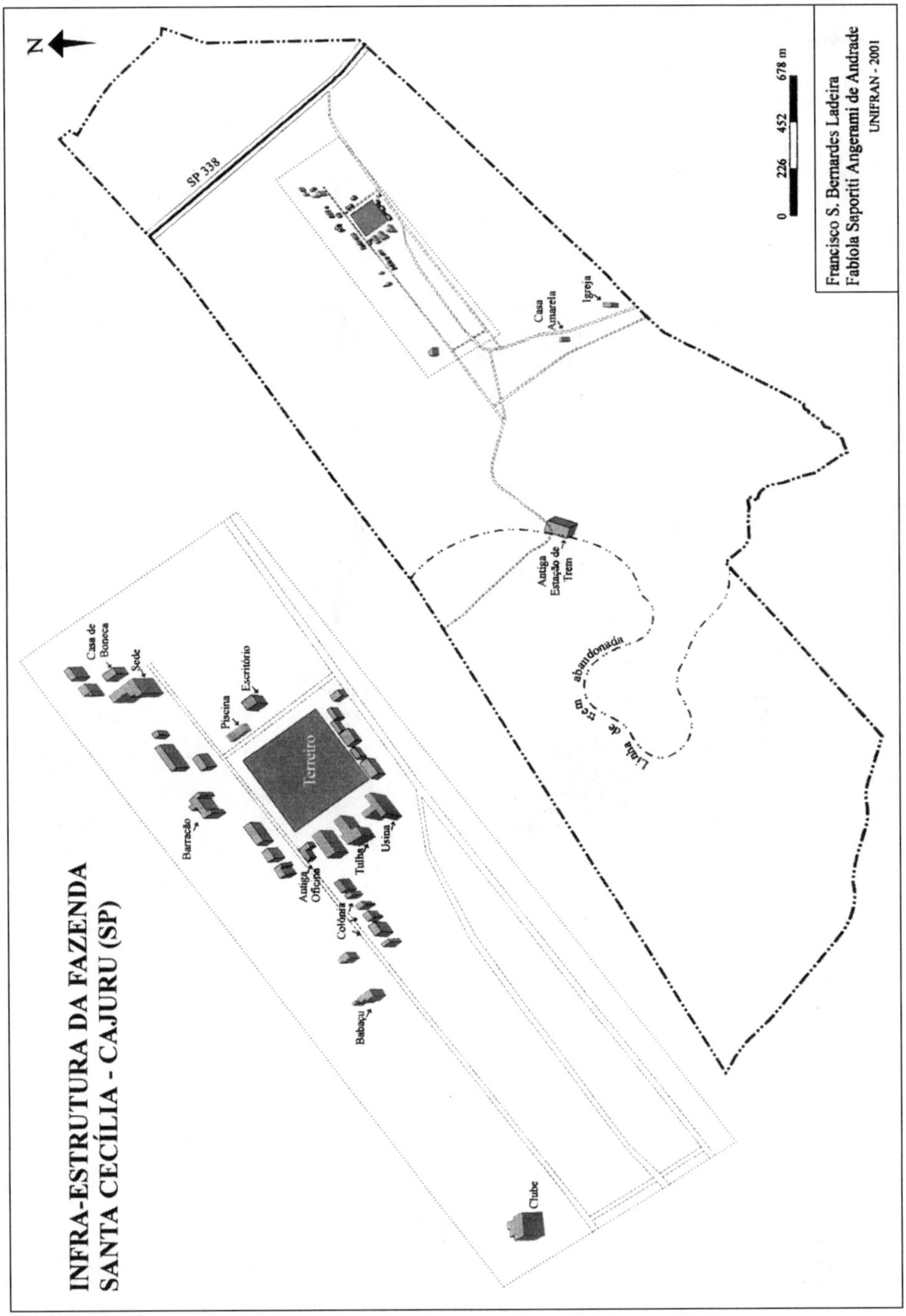
INFRA-ESTRUTURA DA FAZENDA
SANTA CECÍLIA - CAJURU (SP)
N
SP 338
Casa Amarela
Igreja
Antiga Estação de Trem
Linha de trem abandonada
Casa de Boneca
Sede
Escritório
Piscina
Terreiro
Barracão
Antiga Oficina
Tulha
Usina
Colônia
Babaçu
Clube
0 226 452 678 m
Francisco S. Bernardes Ladeira
Fabíola Saporiti Angerami de Andrade
UNIFRAN - 2001

Anexo 4

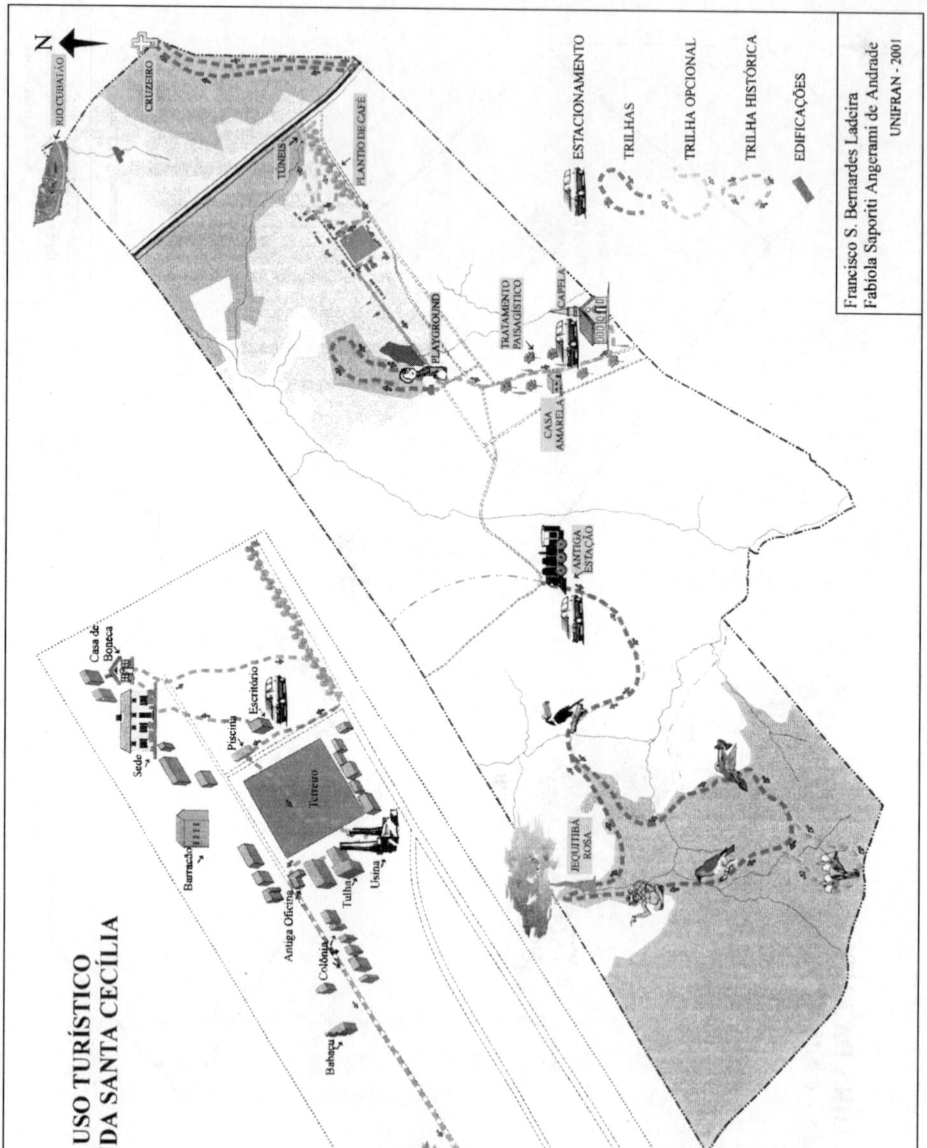
PROPOSTA DE USO TURÍSTICO
PARA A FAZENDA SANTA CECÍLIA
N
RIO CUBATÃO
CRUZEIRO
TÚNEIS
PLANTIO DE CAFÉ
PLAYGROUND
TRATAMENTO PAISAGÍSTICO
CAPELA
CASA AMARELA
ANTIGA ESTAÇÃO
JEQUITIBÁ ROSA
Casa de Boneca
Sede
Escritório
Piscina
Terreiro
Barracão
Usina
Tulha
Antiga Oficina
Colônia
Babaçu
Lago
Clube
Casa Amarela e Capela
ESTACIONAMENTO
TRILHAS
TRILHA OPCIONAL
TRILHA HISTÓRICA
EDIFICAÇÕES
Francisco S. Bernardes Ladeira
Fabíola Saporiti Angerami de Andrade
UNIFRAN - 2001

Capítulo 11

Turismo Rural como Vantagem Competitiva para as Pequenas Propriedades Rurais: Estudo do Extremo Oeste do Paraná

Gelson Luiz Uecker
Roselis Natalina Mazzuchetti

Resumo

O domínio das técnicas agropecuárias era, em tempos passados, suficiente para manter a produtividade num nível aceitável, proporcionando uma lucratividade atraente ao produtor. Atualmente, com a abertura dos mercados e o acirramento da concorrência interna, a realidade é bem diferente. Já não basta só produzir; é necessário saber o que, como e quando produzir e, principalmente, como e quando vender. Diante dessa realidade e das dificuldades na viabilização econômica dos empreendimentos rurais na adoção de novas tecnologias de produção, uma boa opção é a implantação da prática de turismo rural nas pequenas propriedades rurais. Para tanto, as propriedades rurais devem utilizar-se da administração estratégica, que está diretamente relacionada com o futuro da organização, definindo os rumos que a empresa deve seguir com todas as suas variações, limitações e conseqüências. A identificação da vocação do empreendimento para o turismo rural e a sua posterior organização, além da sua condução conforme os princípios da administração, são condições necessárias para o sucesso de qualquer negócio. No caso das propriedades rurais do extremo oeste do Paraná, o turismo rural pode ser considerado uma alternativa promissora em função de suas características de pequena propriedade, seus recursos naturais, recursos para produção de alimentos orgânicos tidos como "saudáveis" e, principalmente, a mão-de-obra disponível, tendo como conseqüência o aumento dos níveis de renda e emprego da população rural, mantendo o homem no campo e proporcionando a ele melhor qualidade de vida.

Palavras-chave: *Turismo rural; Administração estratégica; Planejamento; Nichos de mercado.*

INTRODUÇÃO

Antigamente, a geração de mão-de-obra e de capital eram as fontes básicas da agricultura, que mudou à medida que as exigências do mercado obrigaram as propriedades rurais a adotarem novas tecnologias de produção e de gestão administrativa. Estas transformações ocorreram principalmente nos países de primeiro mundo. No Brasil, essa situação é característica em regiões mais desenvolvidas e nas propriedades de grande porte.

Nantes (1997) ressalta que, em tempos de crédito fácil, o produtor rural não se vê pressionado a desenvolver sua eficiência profissional. O domínio das técnicas agropecuárias era, em tempos passados, suficiente para manter a produtividade num nível aceitável, proporcionando uma lucratividade atraente ao produtor. Atualmente, com a abertura dos mercados e o acirramento da concorrência interna, a realidade é bem diferente. Já não basta só produzir; é necessário saber o que, como e quando produzir e, principalmente, como e quando vender.

Diante dessas transformações, a administração rural apresenta-se como uma "peça-chave" para o desenvolvimento do empreendimento. Jank[5] relata que a gestão profissional nas propriedades rurais deve, além de executar um rígido controle das contas da propriedade e planejar as atividades a serem implantadas, identificar as oportunidades de negócio. As duas primeiras características são importantes para que as atividades do empreendimento rural possam ser mais bem aproveitadas. A identificação das oportunidades de mercado refere-se aos novos nichos que se apresentam devido, principalmente, às mudanças dos hábitos de consumo e aparecimento de novas tecnologias.

Tung[14] ressalta a importância da administração nas propriedades rurais que, na sua maioria, caracterizam-se por baixas produções, má qualidade dos produtos, desperdícios de recursos, especialmente mão-de-obra. A boa administração agropecuária preocupa-se com métodos eficazes de controle e utilização dos recursos disponíveis, possibilitando a maximização dos lucros.

Diante dessa realidade e das dificuldades na viabilização econômica dos empreendimentos rurais, uma boa opção é a adoção da prática de turismo rural nas pequenas propriedades rurais. Segundo a Embratur (Instituto Brasileiro de Turismo), "turismo rural é o conjunto de atividades turísticas desenvolvidas no meio rural, comprometido com a produção agropecuária, agregando valor a produtos e serviços, resgatando e promovendo o patrimônio cultural e natural da comunidade". O turismo rural compreende o agroturismo e o ecoturismo, entre outros tipos de turismo. O agroturismo verticaliza e agrega valor à produção rural e o ecoturismo auxilia a exploração econômica das belezas naturais, sem prejuízo ao ecossistema. São dois sistemas característicos de propriedades rurais que, se exploradas isoladamente ou em conjunto, poderão significar aumento do faturamento da propriedade.

Este trabalho tem o objetivo principal de demonstrar a importância da busca de novos nichos de mercado, da administração estratégica aliada ao planejamento e os meios necessários para a adoção do turismo rural em pequenas propriedades. Para tanto, apresenta um estudo das principais características das propriedades rurais do extremo oeste do Paraná e identifica o que os recursos existentes em tais propriedades propiciam para a implantação do turismo rural, gerando benefícios para os produtores, comunidade e governo.

A Empresa de Turismo Rural do Futuro

As empresas com potencial para adotar a prática do turismo rural estão estabelecidas em um ambiente formado pelas demais propriedades rurais, empresas fornecedoras de insumos, empresas compradoras e demais empresas e instituições. Sette[10] adverte que os gestores deste processo devem conduzir o seu negócio dentro dessa dinâmica de interação, levando em consideração todas as mudanças que possam ocorrer dentro deste ambiente.

O ambiente de negócios está em constante mutação. Isso requer a quebra da inércia e da comodidade das organizações, provocando um desconforto entre dirigentes e trabalhadores, exigindo mais interação, questionamento e desenvolvimento. Como resultado deste processo, pode ocorrer a falência das organizações que não se adaptarem ao novo ambiente ou o progresso das vencedoras. Neste contexto, aparece a administração estratégica, que representa o estilo de gerência que se preocupa com a adequação da empresa ao seu ambiente e de que forma elas conseguirão agir de forma pró-ativa, construindo o futuro do setor.

O planejamento para a implantação do turismo rural em propriedades rurais representa uma etapa extremamente importante. Durante o planejamento, as perguntas mais freqüentes dos produtores rurais são:

- O que produzir?
- Que atividades são mais adequadas à empresa?
- Quais são as mais lucrativas?
- Qual é a combinação ideal destas atividades na propriedade?
- Qual é a vocação da propriedade?

Um projeto pode ser adequado a alguns produtores, mas não a outros. Estudos da INCRA/FAO[4] recomendam que, para evitar erros e insucessos, é indispensável verificar durante a elaboração dos projetos o que os agricultores vêm fazendo para sobreviver e melhorar de vida, por que vêm fazendo assim e quais são os problemas mais significativos.

É também fundamental entender o contexto no qual os produtores estão trabalhando, isto é, quais são os potenciais e os limites da infra-estrutura local, quem são os agentes que interferem na produção agropecuária e como eles agem. Enfim, é recomendável identificar a tendência de evolução da região, verificando se ela aponta para um reforço da agricultura familiar ou, ao contrário, da agricultura patronal e das grandes empresas. Também é importante considerar se os agricultores estão diversificando a produção e mudando suas técnicas e em que direção e como estão atuando os comerciantes e as agroindústrias.

Entre os fatores que influenciam o desempenho econômico das empresas rurais, os mais significativos são os fatores externos ou incontroláveis. A agricultura, pelas suas peculiaridades, sempre está exposta a influências fora do alcance da técnica. Neste aspecto, a administração estratégica assume importância significativa nos empreendimentos rurais.

A administração estratégica está diretamente relacionada com o futuro da organização, definindo os rumos que a empresa deve seguir com todas as suas variações, limitações e conseqüências. Sette[10] relata que a administração necessita de uma visão estratégica. O empresário precisa preocupar-se com o futuro, que se define pela ação conjunta das organizações, empresas e sociedade. É mais cômodo deixar as coisas acontecerem do que fazer acontecer. Omitir a definição do futuro pode significar deixar que outras instituições, como governo, bancos, fornecedores, compradores e outros, definam o futuro das empresas. Os empreendimentos rurais, para poderem fazer parte do turismo rural, precisam com urgência criar e consolidar uma estrutura produtiva moderna.

Para Hamel e Prahalad, *apud* Sette[10], a qualidade não será mais um diferencial competitivo, mas o passaporte para entrar no mercado. Além de melhorar neste aspecto, as empresas terão que reinventar o seu setor. É preciso regenerar as estratégias e reinventar canais, processos de produção, clientes, critérios de promoção de gerentes e medidas para avaliar o sucesso. Será necessário fazer a reengenharia do setor no qual a empresa atua. Isto mostra que as empresas não competem apenas dentro das fronteiras dos setores existentes, mas trabalham para criar a estrutura dos setores futuros. Há a necessidade de transformação tanto da parte organizacional como também do setor como um todo. É necessária uma estrutura consistente para competir em um mercado em constante transformação.

A identificação da vocação do empreendimento para o turismo rural e a posterior organização para seu aproveitamento, além da sua condução conforme os princípios da administração, são condições necessárias para o sucesso de qualquer negócio.

Para identificar a competência, deve-se analisar a propriedade, os recursos de produção, os recursos financeiros, os recursos naturais, o potencial da sua força de trabalho, o sistema de informação do empreendimento e seus recursos mercadológicos. Deve-se também analisar o ambiente nos seus aspectos econômicos, tecnológicos, sociais e políticos, legais e ambientais.

Empreendimentos Rurais

Trabalhar a propriedade rural como uma unidade simplesmente de produção parece ser a única maneira encontrada por grande parte dos produtores rurais do oeste do Paraná. Alguns produtores parecem incapazes de perceber as transformações que vêm ocorrendo no ambiente produtivo, que não permitem mais tratar o empreendimento rural de forma diferente de uma empresa comercial ou industrial. Claro que a empresa rural apresenta especificidades e particularidades só existentes no meio rural mas, de qualquer forma, essas situações devem ser trabalhadas de forma profissional para que o empreendimento se torne viável e possa crescer dentro do seu mercado.

Por outro lado, de acordo com dados da PNAD (Pesquisa Nacional por Amostragem de Domicílios) realizada pelo IBGE em 1997, 4 milhões de pessoas, dentre 14 milhões da população economicamente ativa do meio rural, estavam envolvidas em atividades fora do meio rural, ou seja, nos setores de prestação de serviços, indústria de transformação, comércio de mercadorias, serviços sociais e indústria de construção civil. No que diz respeito a atividades de comércio e prestação de serviços, estão envolvidos os setores de hospedagem, restaurantes, diversões e lazer, arte e decoração, organizações culturais e esportivas e comércio de produtos naturais e artesanais, que servem de atração turística para o meio rural e que contribuem para o desenvolvimento de regiões e locais específicos, com melhoria na qualidade de vida da população local[8].

O turismo rural pode ser considerado uma alternativa promissora para o aumento dos níveis de renda e emprego da população rural, mantendo o homem no campo e proporcionando a ele melhor qualidade de vida.

Extremo Oeste do Paraná como Potencial para a Implantação do Turismo Rural

No Estado do Paraná houve uma tipificação e caracterização dos produtores rurais visando à participação no Programa Paraná 12

Meses, com o apoio do Banco Mundial. A base foi um estudo desenvolvido pelo IAPAR (Instituto Agronômico do Paraná) que identificou os grupos de estabelecimentos agrícolas em classes simples, distintas e claramente reconhecíveis, com o propósito de caracterizar cada uma delas para conhecer e entender sua lógica. O resultado desse trabalho foi a definição de quatro grandes categorias, mostradas na Tabela 11.1.

Tabela 11.1 – Quatro grandes categorias de estabelecimentos agrícolas

Classificação	*Área*	*Produção*	*Uso do Capital*	*Receita*
Produtor simples de mercadoria	Inferior a 50ha	Produtos alimentícios e pequenos animais	Baixo	Inferior a 5 salários mínimos
Produtor de subsistência	Menos de 10ha	Produtos alimentícios para consumo familiar	Baixo	Inferior a 1 salário mínimo
Empresário familiar	Entre 25 a 120ha	Produtos agroindustriais	Médio	Pequeno índice de mão-de-obra e forte participação familiar
Empresário rural	Acima de 250ha	Animais de grande porte ou produtos agroindustriais	Elevado	Mão-de-obra contratada

Fonte: Adaptado de IAPAR. Programa Paraná 12 Meses.

Em pesquisas recentes, foi constatado que na região do extremo oeste do Estado do Paraná existe uma predominância de pequenas propriedades, que apresentam semelhanças em relação às atividades desenvolvidas, forma de utilização de mão-de-obra, controle dos aspectos financeiros e formas de comercialização de seus produtos. Segundo a pesquisa, os produtores do extremo oeste do Paraná possuem a classificação mostrada na Tabela 11.2.

Observa-se que a grande maioria é classificada como produtores simples de mercadoria, possuindo menos de 50 hectares, e seu sistema de produção é baseado em produtos alimentícios e pequenos animais. O uso do capital é baixo, concentrando-se em equipamentos de tração animal, insumos agrícolas e, em menor escala, máqui-

Tabela 11.2 – Produtores rurais no extremo oeste do Paraná

Classificação	*Percentual*
Produtor simples de mercadoria	62,5%
Produtor de subsistência	25,0%
Empresário familiar	12,5%

Fonte: Adaptado de Uecker. Caracterização de Técnicas Administrativas em Pequenas Propriedades Rurais: O Caso do Oeste do Paraná, 2001.

nas e equipamentos motomecanizados. As produtividades físicas são inferiores à média regional. No sistema de produção utilizado, pelo menos um produto visa ao mercado local ou regional. A receita bruta mensal da família é baixa, inferior a 5 salários mínimos. A mão-de-obra utilizada nas atividades é predominantemente familiar.

Também em grande volume encontram-se nesta região os produtores de subsistência (25%), produtores com área menor que 10 hectares que cultivam produtos alimentícios para consumo familiar. O uso do capital é muito baixo, resumido a ferramentas de uso manual e, eventualmente, equipamentos de tração animal. As produtividades físicas estão abaixo das médias locais. A receita mensal é muito baixa, inferior a um salário mínimo. A sua relação com o mercado resume-se à venda de eventuais excedentes de produção. Geralmente, parte significativa da renda familiar é proveniente da venda do trabalho.

Ambas as categorias perfazem 87,5% das propriedades da região e possuem características importantes e propícias para o incremento do turismo rural.

Além destas atividades, as propriedades rurais também produzem aveia, mandioca e peixe. Na região estão sendo desenvolvidas

Tabela 11.3 – Participação dos produtores em relação às suas principais atividades de produção – propriedades rurais do oeste do Paraná

Propriedade	*Principais atividades de produção*				
	Soja	*Milho*	*Leite*	*Suínos*	*Outras*
Produtor simples de mercadoria	100%	100%	100%	60%	40%
Produtor de subsistência	0%	100%	100%	0%	100%
Empresário familiar	100%	100%	100%	100%	0%

Fonte: Adaptado de Uecker. Caracterização de Técnicas Administrativas em Pequenas Propriedades Rurais: O Caso do Oeste do Paraná, 2001.

campanhas para novas atividades. Todavia, estes incentivos não estão tendo boa aceitação por parte dos produtores, que preferem não apostar em algo desconhecido. A dificuldade em alterar a cultura do produtor rural é muito grande.

O leite é uma atividade importante para a pequena propriedade, pois proporciona uma receita mensal que, agregada à confecção de produtos derivados como queijo, requeijão, doce de leite e outros, aliados a um lugar aconchegante com atividades de lazer, pode-se tornar um produto com boa lucratividade. Mas os produtores continuam com o pensamento antigo de que o importante é o plantio da soja e do milho; os demais são complementos.

A suinocultura não recebe a devida valorização por parte dos produtores. Com grandes possibilidades de agregação de valor na propriedade, o suíno poderia ser mais bem aproveitado na pequena propriedade e seus derivados também serviriam de atrativo do homem urbano para a busca deste tipo de alimento artesanal no meio rural.

Assim sendo, há necessidade de que as propriedades estudadas desenvolvam atividades alternativas viáveis, como a implantação do turismo rural nas pequenas propriedades, respeitando as variáveis ambientais da nossa região. Todavia, esta iniciativa deveria, necessariamente, partir das prefeituras, através da formação de conselhos comunitários, por meio de reuniões e apresentação de ações que comprovem os benefícios das novas atividades. Essa demonstração possivelmente iria encorajar os produtores, uma vez que, da forma com que o trabalho é conduzido nestas propriedades, não existe iniciativa de partir para novas atividades e nichos de mercado.

Benefícios com a Implementação do Turismo Rural em Pequenas Propriedades Rurais

Em função da estrutura física de pequeno valor nas propriedades estudadas, o processo de turisficação da região oeste do Paraná deve iniciar com a aplicação do agroturismo, já que a maioria das propriedades explora a atividade agrícola e pecuária. Segundo Silva[11], "agroturismo são atividades internas à propriedade que geram ocupações complementares às atividades agrícolas, as quais continuam a fazer parte do cotidiano da propriedade, em menor ou maior intensidade. Devem ser entendidas como parte de um processo de agregação de serviços aos produtos agrícolas e bens não-materiais existentes nas propriedades rurais (paisagem, ar puro, etc.) a partir do tempo livre das famílias agrícolas, com eventuais contratações de mão-de-obra externa. São exemplos de atividades associadas ao agroturismo: a fazenda hotel, o pesque pague, a fazenda de caça, a pousada, o restaurante típico, as vendas diretas do produtor, o artesanato, a industrialização caseira, e outras atividades de lazer associadas à recuperação de um estilo de vida dos moradores do campo".

Segundo Molleta[7], há necessidade de planejar e orientar as práticas do turismo rural para que se obtenham benefícios como:

- *Diversificação da renda:* cria uma nova receita financeira à atividade já existente na zona rural. Além disso, promove a criação de mercado para os produtos tradicionais das propriedades, absorvendo o excesso da produção;
- *Geração de empregos:* o turismo rural procura garantir a manutenção das atividades agrícolas tradicionais, pois esse é seu maior atrativo. Conseqüentemente, oportuniza a manutenção da família rural no campo ocupando sua mão-de-obra;
- *Efeito multiplicador:* o turismo rural pode desencadear uma série de benefícios no núcleo receptor, pois um gasto turístico propaga-se pela economia local, gerando outras despesas como pagamento de insumos, matéria-prima ou salários, sem os quais o turista não teria sido atendido. Por outro lado, essa atividade também estimula uma série de atividades produtivas, sejam elas na própria localidade ou em propriedades vizinhas, como, por exemplo, a produção de alimentos ou artesanatos;
- *Preservação do patrimônio natural:* o turista que busca o meio rural procura situações que propiciem maior contato com a natureza, criando oportunidades para aumentar a consciência ambiental tanto dos visitantes como da população local;
- *Preservação do patrimônio cultural:* o turista busca um maior contato com os aspectos culturais e históricos do meio rural. Dessa forma, a atividade procura preservar a cultura local através do seu resgate e valorização, criando situações para que o turista possa vivenciá-la, seja na gastronomia, pelo uso de objetos, em função da comercialização do artesanato, pelo tipo de móveis e da arquitetura existente, seja de outras formas;
- *Desenvolvimento do espírito de parcerias:* o turismo rural, quando trabalhado sob a forma de parceria com todos os

produtores da região, obtém resultados imediatos e mais eficazes do que se fosse mantido isolado;

- *Melhoria na formação educacional do homem do campo:* para a maioria dos produtores rurais, o turismo rural é uma atividade para a qual eles devem capacitar-se. A aquisição de novos conhecimentos não só melhora o nível de serviços oferecidos à clientela, como também amplia o benefício para o desenvolvimento geral do meio rural;
- *Melhoria da qualidade de vida local:* além de ser uma nova forma de gerar renda, a prática do turismo rural gera a melhoria na infra-estrutura básica (água, luz, telefonia, estradas, dentre outros).

Com a implantação do turismo rural, haverá a entrada de capital, aumentando o consumo e produção devido às novas necessidades de produtos e serviços criados pelo turismo. Também ocorrerá o incremento de indústrias de transporte, *souvenirs*, alimentos, agricultura etc., movimentando capital e desenvolvendo todos os setores do mercado.

A conseqüência de todo esse trabalho é a geração de impostos oriundos de bens e serviços que serão posteriormente revertidos à população em forma de benefícios na infra-estrutura local.

Assim sendo, há direcionamentos que devem ser desenvolvidos para uma implementação mais adequada do turismo rural, sendo alguns deles:

- Aliar os atrativos de produção agropecuária com atividades ecológicas, de conotação ambiental e atividades visando ao relaxamento, que constituem uma interessante combinação conforme as preferências e o significado de turismo rural para os visitantes, para quem a tranqüilidade e o sossego influenciam bastante, sem deixar de lado o conforto e higiene, fatores que constituem uma infra-estrutura de apoio essencial para o bem-estar do turista;
- Formar empreendedores que atendam aos princípios de gestão e possam adequar suas prioridades à demanda dos visitantes;
- Direcionamento de políticas por parte do governo, associações e empresas interessadas em fomentar o turismo rural, no sentido de criar condições adequadas de financiamento, meios de publicidade, treinamento e capacitação do proprietário ru-

ral, qualificação de mão-de-obra visando ao perfeito atendimento e melhoria na divulgação da atividade turística rural.

CONCLUSÃO

A abertura de mercado e o acirramento da concorrência interna mudaram a realidade do setor agrícola no Brasil. No passado, somente uma produção razoável garantia lucratividade atraente ao produtor. Atualmente, não basta somente produzir, sendo necessário também saber o que, como e quando produzir, além de como e quando vender. Estas questões apresentam difícil resolução, mas ficam mais fáceis de serem equacionadas quando se utilizam estratégias que garantem vantagem competitiva ao empreendimento.

No desenvolvimento do trabalho ressaltou-se a importância de se realizar mudanças e buscar novos nichos de mercado, além de questões importantes para o planejamento e gestão do produtor para a implantação do turismo rural nas propriedades rurais.

Em relação à pesquisa nas propriedades rurais do extremo oeste do Paraná, observou-se que o turismo rural é uma boa opção para a diversificação das atividades para as pequenas propriedades, pois elas não possuem recursos necessários para o desenvolvimento de novas tecnologias de produção, porém possuem o que é muito importante para o desenvolvimento do turismo rural: recursos naturais, recursos para produção de alimentos orgânicos tidos como "saudáveis" e, principalmente, a mão-de-obra, beneficiando a geração de recursos para a família, o governo e mantendo o homem no campo.

Por um lado, haverá necessidade de um planejamento aliado a uma infra-estrutura adequada das propriedades rurais para acolher e prestar serviços de acordo com os desejos do consumidor urbano; de outro lado, será necessário implantar ações de *marketing* que atraiam o homem urbano a utilizar os serviços e estruturas oferecidas.

Referências Bibliográficas

1. ANDRADE, J.G. *Introdução em Administração Rural - Curso por Tutoria a Distância.* Lavras, Esal - Gráfica Universitária, 1990.
2. ANTUNES, L.M.; ENGEL, A. *Manual de Administração Rural: Custos de Produção*. Guaíba, Livraria e Editora Agropecuária, 1999.
3. BIALOSKORSKI, S.; NEVES, E.M. *Planejamento e Controle da Produção. Um Sistema Simplificado para Pequenas e Médias Propriedades Rurais*. Campinas, CATI-SAA, 1994.

4. INCRA/FAO. *Análise Diagnóstico de Sistemas Agrários*. Guia metodológico. Brasília, 1995.
5. JANK, F.S. Discutindo a Importância da Administração Profissional na Produção Agropecuária: Uma Visão Empresarial. *In*: *Seminário Os Novos Desafios e Oportunidades do Agribusiness no Brasil*. São Paulo, 1997.
6. MARION, J.C.; SANTOS, G.J. *Administração de Custos na Agropecuária*. São Paulo, Atlas, 1996.
7. MOLETTA, V.F. *Turismo Rural*. Porto Alegre, SEBRAE/RS, 1999.
8. OLIVEIRA, G.S.; MOURA, J.C.; AMBROSANO, M.E.R.; SGAI, M; GRANER, P.F. Turismo no Espaço Rural Brasileiro. *In*: *Congresso Brasileiro de Turismo Rural*, 1, 32, Anais. Piracicaba, FEALQ, 1999.
9. REZENDE, C.L.; ZYLBERSZTAJN, D. Uma Análise da Complexidade do Gerenciamento Rural. *In*: *IV SEMEAD*, outubro de 1999.
10. SETTE, R. S. Administração Estratégica na Empresa Rural. *In*: *III Congresso Brasileiro de Administração Rural: Administração Rural & Agronegócio no III Milênio*. Anais. 1999.
11. SILVA, G.; MOURA, J.C.; AMBROSANO, M.E.R.; SGAI, M.; GRANER, P.F. Turismo no Espaço Rural Brasileiro. *In*: *Congresso Brasileiro de Turismo Rural*, 1, Anais. Piracicaba, FEALQ, 1999.
12. SOUZA, R.; et al. *A Administração da Fazenda*. São Paulo, Globo, 1992.
13. STRAUSS, A.; CORBIN, J. Basics of Qualitative Research. *Graundech Theory Procedures and Techniques*. USA, Sage Publications, 1990.
14. TUNG, N.H. *Planejamento e Controle Financeiro das Empresas Agropecuárias*. São Paulo, Universidade Empresa, 1990.
15. WILLIANSOM, O.E. *Markets and Hierarchies: Analysis and Antitrust Implications*. New York, The Free Press, 1975.

Capítulo 12

Planejamento e Gestão nos Meios de Hospedagem no Turismo Rural no Norte-nordeste Paranaense

VALÉRIA SAKAKIBARA
LÚCIA KEIKO KAWAMOTO
PAULO EDUARDO DOMINGOS

Resumo

O turismo rural é uma diversificação que acompanha o crescimento do turismo em todo o espaço geográfico, mas a carência de estudos que apontem suas características faz com que as regiões propícias para o desenvolvimento das estratégias de implantação deste nicho de mercado não consigam efetivar a potencialidade nem tampouco explorem de maneira adequada e sustentável o turismo no meio rural. Através destas inquietações, passamos a realizar pesquisas, buscando por meio de pesquisa de campo (entrevista com proprietários e inventário por observação direta), respostas que pudessem comprovar as características, tipologia e estratégias que estão sendo utilizadas por aqueles que buscam o desenvolvimento no turismo rural.

Esta pesquisa faz parte da segunda fase do projeto acadêmico "Estratégias do Turismo Rural no Noroeste Paranaense". A primeira fase foi concluída em outubro de 2001, com a análise dos pesqueiros e pesque-pagues da região noroeste paranaense. Na terceira fase serão analisadas as chácaras de lazer.

Nesta segunda fase, pesquisamos hotéis-fazenda, pousadas e balneários nos períodos de fevereiro e março de 2002. Este artigo apresenta os resultados inéditos nesta fase do projeto.

Palavras-chave: *Turismo rural; Oportunidades; Equipamentos de lazer.*

Introdução

O desenvolvimento do turismo no espaço rural no Paraná tem ocorrido através de hotéis-fazenda, pousadas rurais, balneários e estâncias no campo. Podemos distinguir dentro do turismo rural dois aspectos: o primeiro é a produção agropastoril em escala econômica representando a maior fonte de renda da propriedade. O segundo aspecto são essas mesmas atividades agropastoris constituindo em si mesmas o potencial turístico.

A respeito dessa última característica, Pimentel[3] lembra a importância das atividades recreativas serem programadas em função da tradição econômica e cultural da propriedade. Existiria um equívoco ao se instalarem equipamentos de lazer e programas de animação sociocultural sem relação com a cultura local, pois o ambiente perderia sua caracterização.

Associando lazer com turismo, podemos citar Marcellino[2], que entende lazer como "cultura vivenciada no tempo disponível", aliando tempo e atitude. Neste sentido, privilegiamos o lazer no meio rural não apenas como mera ocupação do tempo livre. Com o fato de associarmos lazer no meio rural, estamos indicando mudanças recentes, entre elas o aparecimento de um novo rural.

Campanhola e Graziano Silva[6] ressaltam a pluriatividade, que envolve um conjunto de atividades paralelas às atividades agropecuárias, tais como prestação de serviços, indústria e comércio. Essas atividades dão origem ao novo rural. Ademais, o volume de pessoas e comunidades se relacionando através do turismo dá a característica multidisciplinar que agrega experiências locais e regionais, gerando relações de importância social, econômica e cultural.

Dentre os vários tipos de turismo existentes, o turismo rural foi recentemente identificado como uma atividade desenvolvida no espaço rural com o objetivo de oferecer aos seus praticantes lazer e cultura e, aos proprietários rurais, uma fonte de receita complementar à oriunda da atividade principal.

Segundo Tulik[8], no Brasil ainda pouco se sabe sobre o turismo rural, devido à ausência de conceituação precisa do conjunto de atividades que acontecem no meio rural. Muitos autores consideram que a terminologia turismo rural deve ser usada apenas quando o turista se hospeda no meio rural e participa dos trabalhos realizados nas propriedades.

Para tentar solucionar essa carência de dados, Trigo[7] aponta os centros de excelência dos quais virão as possíveis soluções. Além dos mestrados, centros de pesquisa e formação ou institutos governamentais, existe uma aposta na conjugação de esforços por parte de várias disciplinas que contribuem para o entendimento e compreensão do fenômeno turístico.

No norte e noroeste paranaense, a maior incidência de turismo no espaço rural se dá com o reaproveitamento de estruturas de fazendas produtivas transformadas em pousadas rurais comprometidas com a produção agropastoril. Ruschmann[5] conceitua pousada como um estabelecimento com capacidade pequena, arquitetura caracterizada pelo valor histórico de construção, casas rústicas autênticas no estilo antigo, com pratos típicos preparados artesanalmente pelos proprietários, que deve oferecer hospedagem em ambiente simples e integrado à região.

A região escolhida para o estudo, por ser de colonização recente, possui propriedades rurais com características diferentes das demais regiões do Brasil, que possuem colonização mais antiga e consolidaram o turismo no espaço rural há mais tempo.

Buscou-se identificar as características das propriedades e equipamentos de lazer no meio rural. Foram visitadas 18 propriedades no período de fevereiro e março de 2002, sendo que apenas dez delas responderam o inventário. A maior dificuldade encontrada foi em localizar os proprietários das localidades, uma vez que a maioria deles tem suas atividades profissionais na cidade.

Dessas dez propriedades que desenvolvem turismo no espaço rural do norte e noroeste paranaense, verificou-se que 40% são pousadas, 30% são balneários e 30% hotéis-fazenda. No tocante a equipamentos de lazer, encontramos em todas as propriedades área para caminhada e campo de futebol, 80% possuem *playground* e pecuária, 70% possuem tanque de pesca, mata com trilha e cachoeira/piscina natural, encontramos 60% com fonte natural de água e produção agrícola (café, soja, milho), 50% com área de *camping* e 40% com salão de jogos.

Com relação à estadia, verificamos que 60% das propriedades oferecem hospedagem e 40% permitem a visitação de um dia. As acomodações oferecidas são chalés, apartamentos, alojamentos e *camping*. 60% das propriedades oferecem refeições, mas não com pratos típicos, sendo que o percentual de 40% dos turistas procura pela gastronomia nas propriedades. Ainda 70% buscam a tranqüilidade e o relaxamento que o campo oferece. Outro aspecto citado na pesquisa são os conteúdos culturais do campo que o turista vem buscar através das histórias das fazendas e seus objetos antigos usados nas lidas do campo. Muitos turistas buscam também os atrativos naturais, como cachoeiras e matas.

Os equipamentos de lazer tipicamente rurais encontrados no norte e noroeste paranaense foram passeios a cavalo, charrete, passeio de barco, caminhada nas trilhas e pescaria. Alguns equipamentos disponíveis nos apartamentos são tipicamente urbanos: *frigobar*, ventiladores e TV a cabo. As cozinhas das propriedades também sofreram modificações em suas estruturas. Todas as localidades que oferecem refeições têm suas cozinhas do tipo industriais com fogões, *freezers*, geladeiras e capacidade para atender demandas de, no mínimo, 500 pessoas.

Nenhuma das propriedades se preocupa em realizar cadastros de seus hóspedes e não fizeram projetos turísticos para transformar suas antigas propriedades para acolher o novo tipo de empreendimento. Todas iniciaram suas atividades recebendo amigos e passaram a receber grupos cobrando pelos serviços.

As tarifas cobradas nas propriedades dependem do tipo de serviço oferecido. A grande maioria das propriedades oferece hospedagem que inclui, normalmente, café da manhã, almoço, lanche da tarde, jantar e o direito de usufruir de toda a estrutura física da propriedade. Em algumas propriedades, paga-se à parte por serviços como cavalgada, bebidas e pesque-pague. Dentre as que possuem alojamento, chalés ou apartamentos, o preço médio das diárias por pessoa varia de R$ 35 a R$ 60. Este preço é considerado baixo quando comparado às diárias praticadas em outras regiões de turismo rural, o que pode significar uma adaptação à realidade local ou padrões menos profissionais de gestão desses meios de hospedagem. Este dado reforça, também, o *status* do turismo rural como atividade complementar da pluriatividade rural.

Algumas propriedades oferecem pacotes completos de final de semana ou cobram para passar um dia, oferecendo apenas almoço e direito de utilizar as piscinas, trilhas nas matas e caminhadas ecológicas. Nos pesqueiros, as pessoas que passam o dia podem encontrar duas modalidades: o pesque-pague onde é cobrada uma entrada e o visitante pesca à vontade nos tanques, pagando apenas pela limpeza dos peixes, ou o pague-pesque onde é cobrado por quilo de peixe pescado.

Notou-se que as propriedade são administradas por familiares e nenhum deles qualificou-se em administração turística ou hoteleira, sendo que apenas um deles fez cursos profissionalizantes. Verificou-se que a grande maioria dos proprietários possui experiência com o meio rural, pois 70% deles estão envolvidos há anos com a atividade agropastoril. Todas as propriedades são gerenciadas por famílias que atuam principalmente na recepção, cozinha e administração. Os poucos funcionários vindos de fora do ciclo de parentesco são contratados temporariamente, de acordo com a demanda.

Buscando comparações no meio rural, encontramos outra realidade administrativa nos pesqueiros. A maioria deles é arrendada ou administrada por terceiros que, em sua quase totalidade, fazem cursos de piscicultura oferecidos pela Emater (Empresa de Assistência Técnica e Extensão Rural). Outras diferenças podem ser observadas no Quadro 12.1.

Quanto aos eventos, os mais realizados nos meios de hospedagem são as festas tradicionais como Carnaval, *Réveillon*, Natal e Festas Juninas. Embora o movimento de hóspedes ocorra mais nos finais de semana, as propriedades mantêm suas atividades todos os dias, sendo que a maior demanda é aos sábados, quando a maioria das pessoas que busca este tipo de turismo vem de regiões diferentes da localização das pousadas. Verificou-se que os tipos de clientes que mais demandam pelo turismo rural são famílias, grupos religiosos, escolas e jovens.

Quadro 12.1 – Modalidades turísticas praticadas no meio rural

	Pesqueiros	***Pousadas rurais***
Perfil dos clientes	Homens	Famílias
Gasto médio para passar um dia (sem pernoite)	R$ 15	R$ 25
Eventos que realizam	Casamentos	Festas tradicionais urbanas (Natal, Carnaval)
Localidade pesquisada mais distante do centro de Maringá	70km	190km
Localidade pesquisada mais próxima do centro de Maringá	4km	3km
Idade média dos empreendimentos	2 a 4 anos	2 a 6 anos

Quanto às mudanças ocorridas após a implantação do turismo nas propriedades rurais, 40% delas afirmaram não ter havido mudança nenhuma, enquanto 30% disseram ter aumento em sua renda e 30% adquiriram a propriedade com o intuito específico de investir no turismo.

As atividades recreativas também foram abordadas neste inventário. Entre os proprietários, 80% afirmam contar com recreadores apenas quando recebem grupos acima de 30 pessoas, enquanto os outros dois estabelecimentos (20%) possuem recreador fixo, disponível ao hóspede em tempo integral.

Levantados os dados da pesquisa, verificamos de que maneira a cultura local se apresenta na formatação do produto turístico oferecido. Mas as interações do meio rural e urbano estão acontecendo de forma a prejudicar ou agregar valores aos costumes locais?

Ainda pairam dúvidas entre os proprietários no tocante à questão de como agradar todos os hóspedes, mas cada visitante local busca diferentes formas de lazer. Existem os "urbanos", que não abrem mão de ar condicionado, telefones, TV e todos os recursos do mundo moderno. Já outros buscam o bucólico, o sossego, a tranqüilidade e querem se livrar dos controles remotos urbanos.

Segundo Rodrigues[4], embora com práticas diferenciadas, o que as pessoas desejam é fugir da realidade. Neste sentido, pouco importaria ser ou não autêntico, pois a diversidade acaba sendo insatisfatoriamente assimilada. Para a autora, "a era da velocidade, revestida de forte conteúdo técnico-informacional, não tem conseguido tornar a humanidade mais feliz. É nesse quadro que se apóia o *marketing* do ecoturismo e/ou turismo rural, cujos produtos prometem o reencontro entre "autenticidade", do *savoir-faire* das gerações antigas, de seus ritmos, seus gestos, suas ferramentas, seus laços, mas também e, principalmente, da relação íntima com a natureza, em que se imaginava viver a sabedoria e a paz dos valores, a permanência dos laços e a reprodução lenta do tempo".

Outras dúvidas surgem com a questão do turismo sustentável. Asfaltar a entrada da fazenda é correto ou não? Proporcionar ao hóspede algumas benfeitorias urbanas que degradam ou poluem é correto? Como explicar algumas destas questões ao turista sem perdê-lo?

O conceito de turismo sustentável surgiu para que pudéssemos evitar a condução inadequada que a atividade turística pode provocar no meio em que está inserida e atender às necessidades humanas sem que haja comprometimento dos recursos naturais, dos interesses econômicos e da preservação das peculiaridades culturais das comunidades.

É importante ressaltar que as oportunidades que o meio rural oferece não podem ser isoladas, devem vir acompanhadas de planejamento estrutural, econômico, social e a integração entre oferta e demanda deve acontecer sem que haja perdas, buscando um equilíbrio constante. A esse respeito, Bunge[1] identifica quatro tipos de crescimento essenciais para o desenvolvimento pleno. Pelo pensamento do autor, podemos pensar em oportunidades para o crescimento do turismo a partir dos desenvolvimentos biológico, econômico, cultural e político.

O desenvolvimento biológico consiste no aumento do bem-estar, saúde, nutrição e condição física. Do ponto de vista econômico sinaliza-se para a satisfação das necessidades básicas, através da produção de bens e serviços. No viés político pensa-se nos direitos e na cidadania. E, por fim, o desenvolvimento cultural considera o aumento da difusão da cultura e da educação.

Neste sentido, para concluir, pensamos que o desenvolvimento no meio rural deve aplicar-se a esses quatro aspectos indissociáveis. O turismo, portanto, pode e precisa contribuir não só à capitalização dos empreendedores da área, mas estar permeado de um entendimento ampliado de desenvolvimento, este sim sustentável.

Nosso estudo apontou para o crescimento e aperfeiçoamento das atividades de hospedagem no meio rural. Este movimento não ocorre isolado, mas associado às mudanças no rural (o novo rural) e ao ritmo do próprio turismo como fenômeno global. Recomendamos, a partir dos achados, elaborar-se uma tipologia que seja didática e que oriente o turista no consumo dos nichos de mercado relacionados ao turismo. Desta forma, aumentará a eficácia do processo, uma vez que há uma diversidade de equipamentos de lazer e meios de hospedagem no espaço rural brasileiro e, especificamente, paranaense.

Referências Bibliográficas

1. BUNGE, M. *Ciência e Desenvolvimento*. Belo Horizonte, Itatiaia, 1989.
2. MARCELLINO, N.C. O Lazer, sua Especificidade e seu Caráter Interdisciplinar. *Revista Brasileira de Ciências do Esporte. Lazer como Tema*, 12(1-3), 313-17, Santa Maria, 1992.
3. PIMENTEL, G. Yes, Nós Temos Lazer, Uai! Impactos do Lazer no Mundo Rural. *In*: *Licere*, 3(1), 61-71, Belo Horizonte, UFMG, 2000.
4. RODRIGUES, A. B. Turismo Eco-rural: Interfaces entre o Ecoturismo e o Turismo Rural. *In*: RIELDL, M. *et al.* (Org.) *Turismo Rural e Desenvolvimento Sustentável*. Campinas, Papirus, 2000.
5. RUSCHMANN, D. Definições. *Turismo Visão e Ação*, Ano 2, nº 4, Universidade do Vale do Itajaí, 2000.
6. SILVA, J.G. *Turismo em Áreas Rurais: suas Possibilidades e Limitações no Brasil*. Campinas, Papirus, 2000.
7. TRIGO, L.G.G. O Turismo Brasileiro no Início do Século 21. *In*: *Licere*, 3(1), 21-31, Belo Horizonte, UFMG, 2000.
8. TULIK, O. Estratégias de Desenvolvimento do Turismo Rural. *In*: *Turismo Novo Caminho no Espaço Rural Brasileiro. Anais do Congresso Brasileiro de Turismo Rural*, 2. Piracicaba, Fealq, 2000.

Parte V

Segmento de Eventos como Propulsor do Desenvolvimento Turístico

Capítulo 13

Turismo de Eventos como Oportunidade para o Desenvolvimento Regional

CINARA RODRIGUES CARDOSO

Resumo

Este artigo visa a caracterizar os eventos e definir sua participação na atividade turística, demonstrando a eficácia deste segmento na geração de emprego e renda, proporcionando o desenvolvimento regional a partir da estrutura de empresas, serviços e equipamentos necessários, além da visitação dos participantes não só no local-sede, mas em todo o seu entorno.

Palavras-chave: *Turismo; Eventos; Desenvolvimento regional.*

INTRODUÇÃO

O turismo é uma atividade econômica de grande capacidade inovadora e de real inserção no mercado global, sendo considerado atualmente como um dos três setores mais importantes da economia mundial, só ultrapassado pelas indústrias automobilística e petrolífera.

A economia do turismo, termo que designa todas as atividades direta e indiretamente ligadas ao turismo, e que é parcialmente consumido por turistas ou por empresas da "indústria" turística tais como serviços financeiros, indústria gráfica, serviços de saúde, distribuição de combustíveis, segurança pública, entre tantas outras coisas representa, segundo dados do WTTC (*World Travel & Tourism Council*), uma participação no PIB (Produto Interno Bruto) mundial de 11,7% (aproximadamente US$ 3,5 trilhões) e, em 1999, correspondia a 8,2% dos empregos no mundo.

Em função de sua multidisciplinaridade e formas de apresentação da atividade, o turismo é classificado a partir do perfil do visitante e pela análise da motivação de seu deslocamento. Dentre os tipos identificados, o que mais vem crescendo e sendo alvo de estudos é o denominado turismo de eventos, caracterizado como uma importante alternativa econômica para os destinos que sofrem com a sazonalidade, além das revelações de dados estatísticos, que sinalizam o turista participante de congressos e similares como, no mínimo, duas vezes mais rentável que o turista convencional.

Frente às oportunidades deste setor para o desenvolvimento regional, é de suma importância o empenho de esforços na investigação desta área, como afirma Miyamoto[11]: "a falta de critérios na manipulação dos recursos investidos pelas organizações da área é devido a muitos organizadores de eventos não possuírem o conhecimento teórico necessário, o que vem prejudicando a profissionalização e execução de eventos nas instituições de pesquisa e desenvolvimento".

De acordo com Cesca[3], "é fundamental refletir e pesquisar o fenômeno, não vendo o mercado de eventos como algo operacional, realizado por terceiros".

Essas e outras afirmações motivaram a autora, por estar ligada profissionalmente e na docência de eventos, a realizar o presente trabalho.

CONSIDERAÇÕES INICIAIS

Diversas definições são encontradas para os eventos, de acordo com a atividade e o interesse de quem os define. Não só profissionais de turismo, mas secretários executivos, relações públicas e profissionais de *marketing* lançam mão dos eventos para contemplar os objetivos de suas atividades. Na literatura encontrada sobre o assunto, a maioria dos conceitos explana acerca dos eventos como instrumentos de comunicação, persuasão ou cunho mercadológico perante um público-alvo, como define Cesca[3]: "Evento é a execução do projeto devidamente planejado de um acontecimento, com o objetivo de manter, elevar ou recuperar o conceito de uma organização junto ao seu público de interesse".

Goidanich e Moletta (1998) conceituam eventos com um enfoque mais neutro, como pondera Bleim: "São acontecimentos criados e planejados para ocorrer em um lugar determinado e com espaço de tempo pré-definido (...) com finalidades específicas, visando a preservação, a conquista ou a recuperação do público-alvo. Pode ser criado artificialmente, ocorrer espontaneamente ou, ainda, ser provocados".

Contudo, a opinião de Rocha (1993) está mais próxima dos interesses turísticos com os eventos: "Eventos são programações organizadas com a finalidade de motivar e orientar a clientela na visita à cidade, principalmente nos períodos de ociosidade da oferta, propiciando, assim, um melhor aproveitamento dos seus atrativos e serviços".

Também estaria de acordo não só com os interesses turísticos, mas das outras atividades, a definição de Melo Neto[10], que define o evento como "uma atividade-meio para atingir um objetivo específico". Um fenômeno interface que sofre influência de várias outras áreas do conhecimento e que cria oportunidades de negócios, uma vez que, no caso do turismo, as pessoas aproveitam para conhecer o município-sede do evento, seus atrativos turísticos, efetuar compras, utilizar bens e serviços de outros setores da economia e até conhecer municípios ou atrativos do entorno da cidade-evento.

Percebe-se que os eventos criam oportunidades e geram atratividade para pessoas de diferentes localidades. Também por isso são considerados turísticos; os indivíduos que se deslocam para participar de um congresso ou exposição geralmente aproveitam a ocasião para realizar passeios e compras, o que favorece a utilização mais ampla dos bens, atrativos e serviços da cidade.

Dentre a ampla gama de serviços interligados estão operadoras de eventos, assessorias, agências de prestação de mão-de-obra terceirizadas, *buffets*, seguranças, montadoras de *stands*, serviços de tradutores e guias acompanhantes, entre outros, que formam uma rede interligada que faz possível a realização de eventos. Os mesmos ocorrem em espaços previamente projetados para recebê-los, como centros de convenções, parques de exposições, pavilhões de feiras, salões de convenções/reuniões de hotéis e, com a atual disseminação, auditórios de empresas e universidades.

Quando elaborado de forma profissional, segue de acordo com um cronograma financeiro e projetado em etapas que são detalhadamente monitoradas.

A captação é a primeira dessas etapas. Identifica-se a oportunidade de realização de um evento e, independente da tipologia, inicia-se a negociação para sediá-lo ou promovê-lo. Atualmente as maiores operadoras de eventos do país preocupam-se em ter um setor ou um responsável apenas pela pesquisa de assuntos que possam se tornar eventos de grande interesse para um determinado público ou para o público em geral. São feitos contatos com as pessoas-chave e então confecciona-se um anteprojeto - uma proposta que defenda a candidatura de um destino ou o perfil de uma empresa como apta para responsabilizar-se pelo evento.

Acertadas as pessoas responsáveis pela realização do evento e o destino-sede, tem-se as etapas propriamente ditas: no pré-evento aglutinam-se as pessoas interessadas na temática de forma a identificar entidades de interesses similares para participarem como parceiros/patrocinadores, detalha-se o projeto - definindo aspectos administrativos, técnicos e econômicos, determina-se os serviços a serem contratados, elabora-se um cronograma e um centro de fluxo de informações. Na fase do evento procura-se ajustar os resultados desejados aos possíveis, operacionaliza-se o projeto e tem-se o esforço de diferentes profissionais, concretizando a execução do evento; no pós-evento elabora-se a documentação dos anais, faz-se a tabulação dos opinários (sobre as percepções dos participantes) e confronta-se os dados dos resultados obtidos com o dos desejados. Efetua-se pagamentos e tem-se os serviços como concluídos.

Apesar de minucioso e detalhista, o gerenciamento de eventos e o seu mercado potencial encontra-se em vasta expansão, atraindo diversas empresas, profissionais e municípios, que colocam-se dispostos em valorizar e desenvolver esta atividade que aumenta o consumo e o lucro na baixa-estação, estabilizando o seu faturamento e equilibrando o fluxo turístico. Goiddanich e Moletta (1998) concluem que "os eventos são importantes para o turismo da localidade que o promove, pois, ao atrair pessoas de outros locais, incentivam a economia e enriquecem a sua vida cultural".

O Evento como Segmento Turístico

Bleim, citando Carneiro e Fontes (1997), sugere que, "independente da natureza e tipologia, os eventos se constituem em atrativos turísticos, na medida que exercem atração junto às pessoas que residem fora da sede do acontecimento" e faz com que se desloquem, utilizando os equipamentos e serviços turísticos.

Portanto, o turismo de eventos é o deslocamento realizado por indivíduos e seus acompanhantes com o objetivo de participar de um acontecimento. Utiliza-se dos equipamentos e programações turísticas e é, comumente, confundido com o denominado turismo de negócios, termo que designa as viagens de negócios, que envolvem interesses financeiros (o que não cabe ao turismo de eventos) e não são centradas em um evento necessariamente. Um visitante pode fazer uma viagem de negócios para prospectar um cliente ou fechar um contrato, sem necessariamente passar por uma reunião.

Historicamente pode-se dizer que o turismo de eventos tem origem com o próprio turismo, uma vez que os primeiros deslocamentos foram em função dos jogos olímpicos em 776 a.C. Possuía caráter religioso em função das tréguas realizadas no período e atraía milhares de pessoas para deslumbrar o espetáculo. O primeiro evento denominado congresso aconteceu em 377 a.C. em Corinto. Teve a finalidade de reunir delegados gregos que elegeram Felipe, o generalíssimo, como Líder das Grécia nas lutas contra a Pérsia.

Na Idade Média, os eventos tiveram um caráter mercadológico, simbolizado pelas feiras medievais e pelos conclaves que deslocavam o clero e fiéis. A Revolução Industrial abriu caminho para um outro tipo de evento: as exposições. Para atender a esse novo tipo de atividade, espaços foram adaptados e construídos e tornaram-se a base do turismo de eventos. O primeiro passo foi a *Society of Arts*, criada em 1754, que depois se transformou em Museu - o *Royal Society of Arts*. O primeiro pavilhão de feiras e exposições, de fato, do mundo foi o Palácio de Cristal, em Hyde Park, na Inglaterra, construído em 1851.

No Brasil, o primeiro evento de que se tem conhecimento foi um Baile de Carnaval em 1840, mas só veio firmar-se e dar continuidade à realização de eventos em 1922, quando foi realizada no Palácio de Festas do Rio de Janeiro a Exposição Internacional do Centenário - em comemoração ao centenário da Independência do Brasil. Contudo, a atividade somente tomou impulso depois da Segunda Guerra Mundial, com a organização das classes profissionais e com o desenvolvimento industrial.

O mercado de eventos já é considerado o segmento que mais cresce e proporciona retorno econômico e social sobre o investimento. Sua receita mundial gera cerca de US$ 280 bilhões/ano. Isto representa quase 12% do total arrecadado com o turismo. Segundo a OMT (Organização Mundial do Turismo), o número de eventos e participantes cresce 30% ao ano. No Brasil, essa taxa corresponde a 12%. Dos quase 1,6 milhão turistas que vieram a Salvador em 1998, aproximadamente 34% foram do já denominado "turismo de eventos", conforme dados da Bahiatursa.

Uma vantagem do turismo de eventos é que o seu turista específico, mais comum na baixa estação - de março a novembro, tem uma permanência média de aproximadamente seis dias e gasta quase duas vezes mais que o turista convencional. Enquanto este gasta, diariamente, US$ 65, o de eventos gasta US$ 102, além de ter um nível sociocultural e econômico maior, conforme dados do ICCA (*International Congress and Convention Association*).

O número médio de participantes é de 690 pessoas em encontros interacionais e as áreas mais atuantes são, por ordem, Medicina, Indústria, Tecnologia, Educação, Agricultura, Ciências Sociais e Economia. No *ranking* dos eventos internacionais, o Brasil ocupa a 14ª posição e 3ª nas Américas, ficando atrás dos Estados Unidos e Canadá.

Com base nestes dados, evidencia-se a importância do segmento de eventos para a consolidação da atividade turística, resultando no aprimoramento dos serviços oferecidos a partir da criação de espaços, teatros, hotéis e centros de convenções e/ou adaptação dos mesmos, além dos conhecimentos de sistemas políticos-financeiros existentes e ações mercadológicas que devem preparar o local para captar turistas com maior poder aquisitivo e interesses culturais, valorizando o destino, sua identidade, atrativos e comércio.

O Evento como Atividade Econômica

Os eventos ultrapassam a barreira das definições, tipologias e operacionalização. São capazes de gerar benefícios econômicos para "empresas, patrocinadores, para a cidade promotora, para o comércio local, restaurantes e hotéis e para comunidade"[10] com a geração de empregos diretos e, em uma quantidade agressivamente maior, temporários e indiretos.

Melo Neto afirma que "os eventos compõem uma cadeia de valor econômico agregado que gera receitas para o turismo, no comércio e na indústria do entretenimento, além dos investimentos em patrocínio, criação e produção de *merchandising*, gastos com obras, serviços e geração de empregos". O autor afirma que mesmo os pequenos eventos que não geram cadeias de valores são positivos porque, se bem idealizados, podem vir a gerar efeitos no comércio dos patrocinadores, que têm suas vendas de produtos impulsionadas.

O efeito multiplicador dos eventos são muito conhecidos. Esse efeito é contabilizado no crescimento e utilização dos equipamentos turísticos, na taxa de ocupação dos hotéis e meios de hospedagem em geral, no aumento da contratação da mão-de-obra para suprir a demanda, além da renovação dos produtos e materiais em estoque e na manutenção de imóveis e equipamentos.

O efeito multiplicador está diretamente relacionado com a divulgação do evento e os níveis de público que conseguirá alcançar. No Brasil, em 1998, foram realizados aproximadamente 70 mil eventos de interesse turístico, segundo a Embratur (Instituto Brasileiro de Turismo) e, de acordo com os estudos da FIPE/USP/94, o efeito multiplicador de renda dos gastos turísticos do mercado de eventos é estimado em 2,85, ou seja, cada unidade adicional tende a gerar idêntico acréscimo de unidades monetárias na renda nacional.

O Turismo de Eventos como uma Oportunidade para o Desenvolvimento Regional

Segundo Silva[13], "o pressuposto básico do processo de desenvolvimento regional depende da dinâmica do funcionamento do sistema econômico-social em nível espacial", ou seja, a interação de agentes econômicos e sua expansão geográfica, fenômeno observado no turismo quando os agentes envolvidos conseguem convergir esforços em prol de benefícios para a sociedade e acontece a cooperação entre lugares e pessoas.

O turismo constitui uma estratégia que possibilita uma maior integração entre segmentos diversos e formação de cadeias produtivas que poderão desencadear o desenvolvimento regional e, assim, integrar as comunidades locais, ao gerar emprego e renda. Contribui para uma economia regional aberta ao mundo exterior, uma vez que é sujeita às influências externas e, a partir dela, possibilita o crescimento local e o envolvimento comunitário.

A atividade turística e, em especial, o turismo de eventos, reflete também algumas das teorias de localização a partir de sua disposição no espaço e pelo grau de influência que pode atingir um destino no seu entorno, notabilizando a importância do conhecimento das mesmas e sua intervenção na tomada de decisões e no planejamento tendencioso à concentração das atividades econômicas, elegendo o turismo como um dos diferenciais para o crescimento regional.

Dentre as teorias destacam-se a das "Localidades Centrais", do geógrafo Walter Christaller, e a "Centro-Periferia", do norte-americano John Friedmann, visualizadas na atual disposição geográfica turística do Estado da Bahia.

A primeira tem a centralização como estrutura organizacional, onde uma cidade se destacaria como centro de uma região, tendo como função principal a distribuição de bens e serviços dos municípios e distritos em torno. Enfatizando a hierarquia das localidades, o que é perfeitamente visível no turismo baseado em eventos, como é possível notar em festas como a Oktoberfest, onde todas as cidades vizinhas a Blumenau são atingidas pelo efeito multiplicador do evento, inclusive na receita básica e mais dispendiosa dos turistas: a hospedagem, haja vista que só a cidade-sede não é capaz de absorver a demanda da festa. Outros exemplos parecidos são vistos em Parintins, ou mesmo na Bahia, com a Festa da Irmandade da Boa Morte em Cachoeira, que consegue mobilizar os municípios de Santo Amaro, São Félix, distribuindo turistas para os equipamentos e o comércio dessas cidades.

A Teoria Centro-Periferia é mais considerada "uma teoria da estrutura espacial do que uma teoria da localização das atividades econômicas", como define Silva[13], e complementa: "com efeito, a região central tenderá a ser aquela que concentrará a maior parte das atividades econômicas, exercendo uma renovada atração sobre os novos investimentos em função das economias de escala, da redução dos custos de transporte, das poderosas economias de aglomeração". O turismo de eventos também pode ser compreendido nesta ótica como demonstra a região da Costa do Cacau e do Descobrimento, onde seus carros-chefe, Ilhéus (de Comandatuba, Olivença, Canavieiras etc.) e Porto Seguro (para Santa Cruz de Cabrália, Coroa Vermelha, Arraial D'Ájuda etc.) concentram os investimentos em empreendimentos e infra-estrutura, mas conseguem fazer com que haja uma ressonância na região, através de circuitos integrados de transporte, hospedagem e programas alternativos que fazem com que o turista não se limite ao destino-sede, mas gere divisas também nos municípios próximos.

Por isso, sediar eventos constitui uma oportunidade de desenvolvimento econômico, pois constitui uma das maneiras de gerar renda e empregos a partir dos recursos provenientes dos fluxos turísticos.

Daí a necessidade de parceria entre núcleo receptor, órgãos públicos do setor e organizadores e patrocinadores dos eventos. Seus anseios são convergentes e complementam-se: a prefeitura tem o intuito de divulgar uma boa imagem da sua cidade e atividades de seu governo; os órgãos do setor querem atrair turistas para consumirem no comércio local, arrecadar impostos; os organizadores procuram o sucesso do acontecimento e os patrocinadores esperam a maximização de sua marca, produtos ou serviços.

Conclusão

Fica notabilizada a importância dos eventos como instrumentos de alavancagem da atividade turística e, por conseqüência, do desenvolvimento local e/ou regional do lugar-sede e de municípios vizinhos. São meios de impulsionar negócios locais a partir dos gastos dos visitantes.

Os eventos abrangem uma gama de serviços e possuem características peculiares e especiais que os colocam em situação privilegiada em relação a outros segmentos, principalmente pela sua contribuição no equilíbrio da sazonalidade e do controle da flutuação do fluxo turístico nos períodos de baixa estação. Representa hoje verdadeira alternativa de receita dos hoteleiros e responsabiliza-se por 40% da ocupação dos hotéis na alta estação, chegando a 60% na baixa estação.

Diante do apresentado, notabiliza-se o papel do governo em dotar seus principais centros turísticos de equipamentos e infra-estrutura necessária à captação desses "acontecimentos" de forma que se permita aos municípios competirem por oportunidades de geração de postos de trabalho e renda e cooperarem nas ocasiões em que os benefícios puderem ser compartilhados por uma região. Faz-se preciso também uma política pública voltada à atividade, estabelecendo parâmetros do tipo de evento de interesse do destino, critérios para incentivo e financiamento e estratégias para captação de parceiros na iniciativa privada.

Por fim, a contribuição do turismo de eventos ao desenvolvimento regional é proporcionada pela melhoria da oferta física das cidades, pelos benefícios que traz às localidades interdependentes e pelo papel de *marketing* na divulgação da cidade, captando não só visitantes mas, muitas vezes, empresários e investidores interessados em outras potencialidades e vocações do local. Constitui-se, portanto, numa efetiva possibilidade na gestão da atividade turística de empresas e destinos.

Referências Bibliográficas

1. CARRERAS, C. Turismo Urbano: El efecto de los Megaeventos. *In*: *Turismo e Geografia: Reflexões Teóricas e Enfoques Regionais*. São Paulo, Hucitec, 1997.
2. CARVALHO, C.L. Turismo, Eventos e Governo. *In*: *Turismo em Análise*, 8(1), 7-12, São Paulo, ECA/USP, 1992.
3. CESCA, C.G.G. *Organização de Eventos: Manual para Planejamento e Execução*. São Paulo, Summus, 1997.
4. DUCAN, T.; GUERRIER, Y.; ROBERTSON, M. (Org.). *Gestão de Turismo Municipal – Teoria e Prática de Planejamento Turístico nos Centros Urbanos*. São Paulo, Futura, 2001.
5. FEMENICK, T.R. Aspectos Econômicos na Formação de um Pólo Turístico Regional. *In*: *Boletim de Turismo e Hotelaria*, 9(1), 13-17, São Paulo, Unibero, 2000.
6. ISHIY, M. Turismo e Megaeventos Esportivos. *In*: *Turismo em Análise*, 9(2), 47-61, São Paulo, ECA/USP, 1998.
7. LOIOLA, E. Turismo e Desenvolvimento. *In*: *Bahia – Análise e Dados*, 7(2), Salvador, SEI, 2001.
8. MARBACK NETO, G. *Turismo de Eventos: O Caso do Centro de Convenções da Bahia*. Dissertação de mestrado. Salvador, UFBA, 1992.
9. MATIAS, M. *Organização de Eventos – Procedimentos e Técnicas*. Barueri, Manole, 2001.
10. MELO NETO, F.P. *Marketing de Eventos*. Rio de Janeiro, SPRINT, 1999.
11. MIYAMOTO, M. *Administração de Congressos Científicos e Técnicos: Assembléia, Convenção, Painel, Seminário e outros*. São Paulo, Pioneira, EDUSP, 1987.
12. MORAIS, A.G. *Florianópolis – Destino Competitivo em Eventos Técnico-Científicos*. Dissertação de Mestrado. UNIVALI/SC, 2001.
13. SILVA, S.C.B.M. Teorias de Localização e de Desenvolvimento Regional. *In*: *Geografia*. 1(2), Rio Claro, 1976.

Capítulo 14

Turismo de Eventos como Gestão e Oportunidades no Desenvolvimento Socioeconômico e Cultural Local em Campo Grande

Djanires Lageano de Jesus

Resumo

Os eventos existem desde o surgimento das civilizações, quando as reverências e os cerimoniais faziam parte dos rituais ao ser supremo. Estão diretamente relacionados com o turismo, pois fazem parte de seu efeito multiplicador. Cada segmento de turismo possui características peculiares, principalmente os ligados a eventos, que necessitam de atendimento diferenciado e qualificado tanto para os participantes quanto para o planejamento adequado. Diante dos dados obtidos na pesquisa in loco *em Campo Grande (MS), foram diagnosticadas deficiências por parte dos profissionais ligados a eventos. Com uma política de planejamento estratégico integrando os empresários do trade turístico, comunidade local, organizações governamentais e não governamentais, mão-de-obra qualificada, destacando a importância de fomentar esta atividade de forma sustentável, aproveitando os potenciais e equipamentos turísticos existentes na sazonalidade turística, para a captação e geração de novos empregos e divisas para a cidade, pode-se transformar Campo Grande em um pólo de turismo de eventos, promovendo o desenvolvimento socioeconômico e cultural local.*

Palavras-chave: *Turismo; Eventos; Desenvolvimento socioeconômico e cultural.*

INTRODUÇÃO

Os fenômenos Turismo e Eventos reinam soberanos em todas as discussões relacionadas com o desenvolvimento socioeconômico e cultural de determinadas regiões e localidades. Com uma concorrência cada vez maior nos diversos segmentos de mercado, os empresários do *trade* turístico buscam uma clientela identificada com seu produto, possibilitando maiores vantagens e retorno garantido para as empresas.

O presente artigo tem por finalidade apresentar o segmento turístico de eventos, ramo que tem gerado grandes divisas econômicas e muitos empregos no mundo atual. Para tanto, faz-se necessário defini-lo, quantificá-lo, classificá-lo e organizá-lo com métodos operacionais específicos, de forma a garantir o sucesso almejado.

A partir dos dados obtidos no ano de 2001 pelo trabalho de conclusão dos acadêmicos de Turismo da Universidade Católica Dom Bosco, foram sistematizados procedimentos metodológicos a partir de um problema identificado em Campo Grande (MS). Com a pesquisa *in loco*, obtiveram-se resultados de grande relevância para promover o desenvolvimento socioeconômico e cultural local e fundamentação da pesquisa.

Problema

A pesquisa que deu origem ao trabalho procurou responder ao seguinte problema: *como transformar a cidade de Campo Grande em um pólo de turismo de eventos?*

Diante dos dados e informações obtidas nos equipamentos turísticos ligados a eventos, diagnosticou-se a existência de deficiências no planejamento, organização, avaliação e a prestação de serviços nos eventos realizados no ano de 2001 por indivíduos amadores. Com isso, pôde-se constatar a falta de profissionais habilitados para bem atender os eventos realizados, como se espera do bacharel em Turismo.

Justificativa

A História da humanidade foi permeada por grandes acontecimentos, rituais, cerimoniais, festas religiosas e esportivas que atualmente se definem como eventos pelas sociedades contemporâneas.

O turismo de eventos é praticado com interesse profissional e cultural através de congressos, convenções, simpósios, feiras, encontros culturais, reuniões, entre outros, constituindo uma das atividades econômicas que mais crescem no mundo.

O evento aproxima as pessoas, promove o diálogo e mexe com os sentimentos e emoções dos participantes, além de ser um grande instrumento de *marketing* promocional e institucional. Pode-se afirmar ainda que o evento é um fato, acontecimento, uma reunião que desperta a atenção, podendo ser notícia, desde que seja bem planejado e organizado para sua realização.

Os eventos são um potencial multiplicador turístico, pois geralmente implicam no desembarque de pessoas, ajudam a reduzir a sazonalidade, criam uma imagem positiva da cidade anfitriã, mobilizam o *trade* turístico e, por conseqüência, os prestadores de serviços, gerando emprego direto e indireto e renda imediata, propiciam o ingresso de divisas para o país, Estado ou cidade.

Sobre os estudos realizados sobre o efeito multiplicador dos eventos, Andrade[1] explica os diferentes fatores da alavancagem na promoção e realização de eventos nas localidade receptoras, como:

- Viabilidade econômica: qualquer iniciativa exige investimento e deve ser dimensionada à disponibilidade financeira para sustentar as atividades durante um determinado tempo, o qual varia de empreendimento para empreendimento;
- Exeqüibilidade técnica: para a promoção de eventos, deve existir um sistema mínimo de recursos humanos e infra-estrutura operacional;

- Conveniência social: para a promoção dos eventos na destinações turísticas, a iniciativa deve preencher as necessidades da comunidade;
- Aprovação política: para o planejamento e organização de eventos, as principais lideranças devem ser ouvidas e emprestar seu aval.

Sobre os aspectos abordados acima, o apoio, a promoção, geração e captação de eventos ampliam e diversificam os equipamentos e serviços receptivos, além de estimular a criação e implantação de equipamentos destinados à atividade de expressão cultural (teatros, centros históricos, museus), serviços de animação e outras atrações com capacidade para contribuir para a retenção e o prolongamento da permanência dos participantes de eventos na localidade turística.

Para o sucesso em eventos, é necessário agregar os conhecimentos sobre a localidade que o estará sediando, dando importância aos atrativos, equipamentos, serviços turísticos e à comunidade existente na área ou região. Por meio desta iniciativa, os organizadores dos eventos poderão avaliar pontos de sustentação para iniciativas ou de potencialização de investimentos.

Para entender o efeito multiplicador dos eventos, a demanda deve ser levantada com a maior precisão possível, tanto qualitativa como quantitativamente.

Os estudos de demanda poderão ser levantados pelos organizadores de eventos para melhor adequação e precisão. Através da pesquisa levantada poderão ser identificados os principais eventos mundiais, nacionais, regionais; principais temas e períodos de realização; principais pólos emissores; características socioeconômicas dos participantes; motivações; meios de transporte; tempo médio das viagens para a participação; gasto médio diário e opinião do participante de evento[1].

Além dos estudos de demanda, é necessário que se tenha uma exata noção da realidade e das possibilidades de iniciativa no campo da oferta para a promoção dos eventos nas localidades receptoras.

Para o sucesso completo em um evento, deve-se levar em conta a importância dos recursos humanos, em todas as fases, pois possibilitarão identificar alternativas para melhoria do nível de atuação no setor, articulam-se com entidades e instituições ligadas ao ensino e à formação profissional específica para o setor, além de participarem da existência e acompanhar o desenvolvimento de medidas no âmbito de ensino e de formação[1].

Os eventos e o turismo são fenômenos sociais e econômicos, tornando-se importantes porque proporcionam retorno mais rápido dos valores investidos, são a alternativa mais viável de desenvolvimento para países com grandes riquezas naturais, têm interesses diretos na preservação dos recursos naturais e culturais, são mais democráticos na distribuição de rendas, geram novos empregos fixando trabalhadores, podem contribuir para o bem-estar social e geram arrecadação de impostos e divisas para a comunidade local.

Os eventos podem acontecer em qualquer época, sendo, inclusive, escolhidos para serem realizados nos períodos denominados "baixa estação" como iniciativa prática de aumentar a rentabilidade dos investimentos, diminuindo a sazonalidade turística e tornando-se uma "mola" alavancadora do desenvolvimento local. A venda de um evento (após a captação) converteu-se em uma especialidade que requer a aplicação dos recursos mais modernos da publicidade, promoção e divulgação[14].

Segundo Brener *apud* Andrade[1], "enquanto investimentos nos setores econômicos tradicionais geram cada vez menos empregos, em conseqüência da tecnologia e automação, surge o setor de serviços e em especial turismo, entretenimento e lazer absorvendo essa mão-de-obra excedente".

O evento promove e marca os produtos de seus patrocinadores e também é utilizado para manter os clientes atuais, conquistar, fidelizar e obter a lealdade dos novos clientes. Possui alto impacto promocional, pois promove entretenimento e lazer às pessoas e atrai a mídia local e regional. Deve-se lembrar a definição de Melo Neto[11] de que "tudo é evento". Então, os cuidados devem ser redobrados, a fim de que se possa criar um diferencial que irá permitir tornar-se um evento algo relevante para transformar-se em uma atração periódica. Em casos de sucesso extremo, esta atração periódica se torna permanente, criando imagem de excelência que provoca fluxos contínuos de visitantes nas localidades turísticas. Daí os eventos e o turismo estarem diretamente inter-relacionados no desenvolvimento socioeconômico e cultural local.

Turismo de Eventos em Campo Grande

Campo Grande, uma das cidades mais bem planejadas e urbanizadas do Brasil, está localizada geograficamente na posição central de Mato Grosso do Sul e Mercosul (Mercado Comum do Cone Sul), com 8.118,4km^2, ocupando 2,27% da área total do Estado. É o corredor para todos os pontos turísticos do Estado, ficando a uma distância média de 300km do Pantanal e de Bonito. Possui a maior área verde contínua do mundo. São aproximadamente 500 hectares, compostos pelo Parque dos Poderes, Parque das Nações Indígenas e Reserva Ecológica, além do Horto Florestal, praças, jardins e ruas largas arborizadas por todos os cantos da cidade.

Campo Grande possui uma boa infra-estrutura turística, contando com uma excelente rede hoteleira, de comunicação, de transporte, entretenimento e lazer que atende aos clientes mais exigentes. Dispõe ainda de moderno centro de convenções, pavilhão de exposições e feiras industriais e parque de exposições agropecuárias. Sua gastronomia, arte e cultura são bastante atraentes para os turistas.

Com esses equipamentos e serviços, a cidade pode oferecer condições de realizar eventos de todos os portes, desde que sejam realizados em vários locais simultaneamente, tornando-se assim um pólo receptor do turismo de eventos que, com sua demanda, transformará o Estado em um grande centro receptivo de turistas.

Nas visitas realizadas nas empresas do *trade* turístico, pôde-se fazer uma análise comparativa entre a teoria realizada por meio de levantamento bibliográfico e a prática com a observação a campo. Com isso, constatou-se o quanto é importante e necessário o planejamento e a organização do turismo de eventos por profissionais qualificados, competentes, conhecedores da realidade do turismo como um todo. Daí a importância do turismólogo no planejamento e execução de eventos, tendo em vista que o amadorismo e a imperícia têm prejudicado o sucesso da atividade, deixando os empresários cautelosos, investindo pouco em uma atividade econômica promissora quanto qualquer outra atividade comprovada internacionalmente.

Conclusão

Ao término da pesquisa, pôde-se verificar que o segmento de eventos é um mercado com franca expansão em âmbito mundial e, principalmente nos últimos anos, vem lançando o Brasil como um grande potencial para sediá-los. O evento é uma das áreas mais promissoras, primeiro porque desempenha uma função de vital importância no processo de transferência de conhecimento, interligando a comunidade científica internacional por meio dos laços de amizade pessoais e compreensão mútua; segundo, porque é necessário conhecimento para a realização do evento.

Para o sucesso deste segmento, constatou-se que é necessário um planejamento estratégico englobando os aspectos reais e potenciais percebidos tanto no ambiente externo como interno do evento, mediante análise dos pontos fortes e fracos. Esta análise permitirá nortear as atividades relacionadas à organização, ou seja, a preparação, a execução, o controle e a avaliação do evento.

O bacharel em Turismo tem amplo conhecimento sobre eventos, com uma visão global e mercadológica, para que possa posteriormente planejá-lo e coordená-lo da maneira mais eficiente possível a fim de atingir todo o sucesso esperado, tanto para organizadores e financiadores, quanto o próprio profissional. Para acabar de vez com o amadorismo e a imperícia com que estão sendo tratados a maioria dos eventos organizados atualmente em Campo Grande, há necessidade de reestruturação e reciclagem dos profissionais que atuam nesta área.

Finalmente, Campo Grande está "pegando uma carona" no fenômeno mundial que é o turismo de eventos, capaz de desencadear uma onda salutar na economia da cidade e da região, propiciando o desenvolvimento socioeconômico e cultural do turismo local.

Referências Bibliográficas

1. ANDRADE, R.B. *Manual de Eventos*. Caxias do Sul, EDUCS, 1999.
2. ANSARAH, M.G.R. (org.). *Turismo: Segmentação de Mercado*. São Paulo, Futura, 1999.
3. ARRUDA, J.J.; PILETTI, N. *Toda a História: História Geral e História do Brasil*. São Paulo, Ática, 1999.
4. BARRETTO, M.A. *Planejamento e Organização em Turismo*. Campinas, Papirus, 1991.
5. BENI, M.C. *Análise Estrutural do Turismo*. São Paulo, Senac, 2001.
6. CAMPO GRANDE - *100 Anos de Construção*. Campo Grande, Matriz, 1999.
7. CESCA, C.G.G. *Organização de Eventos*. São Paulo, Summus, 1997.
8. GIL, A.C. *Como Elaborar Projetos de Pesquisa*. São Paulo, Atlas, 1991.
9. GUIMARÃES, A.S.; JESUS, D.L. *Turismo de Eventos: Desenvolvimento Socioeconômico e Cultural para Campo Grande-MS*. Monografia. Campo Grande, Universidade Católica Dom Bosco, 2001.
10. MEIRELLES, G.F. *Tudo sobre Eventos*. São Paulo, STS, 1999.

11. MELO NETO, F.P. *Marketing de Eventos*. Rio de Janeiro, Sprint, 1999.
12. ROLIM, L.C. *Educação e Lazer: a Aprendizagem Permanente*. São Paulo, Ática, 1989.
13. RUSCHMANN, D.M. *Turismo e Planejamento Sustentável: a Proteção ao Meio Ambiente*. Campinas, Papirus, 1997.
14. TOMAZELI, L.C. *O Marketing como Vetor para o Desenvolvimento Econômico*. Porto Alegre, Ortiz, 1990.
15. TRIGO, L.G.G. *Turismo e Qualidade: Tendências Contemporâneas*. Campinas, Papirus, 2000.
16. VAZ, G.N. *Marketing Turístico: Receptivo e Emissivo: Um Roteiro Estratégico para Projetos Mercadológicos Públicos e Privados*. São Paulo, Pioneira, 1999.

Capítulo 15

Turismo de Eventos e Negócios Aliado a um *Convention & Visitors Bureau*. O Caso de Uberlândia

Sérgio Luiz Hillesheim
Sérgio Guimarães Nogueira

Resumo

A partir do segmento turístico de negócios e eventos, o presente trabalho introduz o crescimento que esta fatia vem conseguindo no mercado do turismo e relaciona seu desenvolvimento com a criação dos Convention & Visitors Bureau. *E, focando mais o objeto de estudo, define-se e atribui-se as principais características de um bureau e apresenta-se o caso de Uberlândia, que trará uma prévia da cidade e abordará o projeto de implantação do Uberlândia* Convention & Visitors Bureau *(UC&VB), seu histórico, alguns resultados já obtidos e as tendências atuais e futuras do mesmo.*

Palavras-chave: *Turismo; Eventos e negócios.*

INTRODUÇÃO

No momento atual, em que todos os mercados estão baseados na filosofia da globalização, as fronteiras nacionais e internacionais se estreitam e, sobremaneira, cresce a importância das cidades nos fluxos de comércio, de produtos e serviços, de tecnologias e de informações. Nesse contexto, o processo permite gerar novas atividades produtivas e oferecer mais e melhores serviços para o desenvolvimento de cidades bem estruturadas e oportunizadoras de bons negócios.

Com o turismo não poderia ser diferente; muito pelo contrário, é a atividade que mais cresce no mundo, em termos de negócios. Estudos da WTTC (*World Travel Tourism Council*) mostram que o faturamento anual do turismo, no mundo, ultrapassa a casa dos US$ 3 trilhões.

No Brasil, apesar de seu potencial ser ainda pouco explorado, estima-se que o turismo tenha uma participação de 40% do PIB (Produto Interno Bruto) nacional. Significa dizer que o setor fatura, anualmente, cerca de US$ 25 bilhões por ano.

Segundo pesquisas efetuadas pela Embratur (Instituto Brasileiro de Turismo), apontam que 33,58% desse movimento refere-se ao turismo de negócios e eventos. Portanto, no Brasil, esse segmento gera em torno de US$ 8.395 bilhões ao ano.

Em Uberlândia, considerando-se o seu alto grau de desenvolvimento econômico, existem reais condições para que o segmento do turismo de negócios e eventos se estabeleça. O faturamento anual do setor está estimado em R$ 72.658.154,70[3].

Para um melhor entendimento do que significa o presente estudo, tem-se como definição de turismo de negócios e eventos, conforme Andrade (1997), "o conjunto de atividades de viagem, de hospedagem, de alimentação e de lazer praticado por quem viaja a negócios referentes aos diversos setores da atividade comercial ou industrial ou para conhecer mercados, estabelecer contatos, firmar convênios, treinar novas tecnologias, vender ou comprar bens ou serviços".

Entre as atividades impulsionadoras mais comuns desse ramo, temos congressos, seminários, exposições, feiras, reuniões de trabalho, intercâmbios de qualquer espécie, eventos esportivos, culturais, religiosos, educacionais, assistenciais, científicos, tecnológicos, gastronômicos e outros.

Outro fator importante no contexto do desenvolvimento turístico é a questão da "oferta turística", ou seja, "o conjunto de atrações naturais (clima, configuração física e geográfica, flora etc.) e artificiais (fatores históricos, culturais e religiosos, meios de transportes, hospedagem etc.) de uma região, assim como de todos os produtos turísticos à disposição dos consumidores para a satisfação de suas necessidades"[5].

As atrações que a natureza oferece, sem a necessidade de atuação do homem, como o sol, as praias, as montanhas, as paisagens, entre outras belezas, representam a oferta turística, em seu sentido estrito. Para complementá-la, surge a necessidade de se formar uma infra-estrutura de bens e serviços turísticos, como os meios de transportes, de hospedagem, de restaurantes, áreas de lazer e entretenimento, operadoras de viagens, postos de informações, bancos, locais de convenções e exposições etc. e a infra-estrutura de apoio ao turista (informações básicas do município, sistemas de transportes, de comunicação, de segurança, saneamento básico, equipamento médico-hospitalar e assim por diante).

Se observado o nível de envolvimento que o turismo proporciona e valores que o mesmo agrega a uma sociedade, pode-se verificar que a sua economia sofre influências diretas em seus multiplicadores específicos, ou seja, renda, emprego, produto, importações e exportações, receitas do governo e produz efeitos positivos (entrada de divisas, redistribuição de riquezas, estimula investimentos, gera empregos, diversificação comercial, resgate cultural, aumento da auto-estima, preservação ambiental, melhoria na qualidade de vida) e também impactos negativos (pressão inflacionária, dependência com relação ao turismo, custos sociais e ambientais, prioridades de investimentos).

Amparados nesses fatores e com base na preocupação de ampliar os horizontes do processo de atrair maiores investimentos para o crescimento da cidade de Uberlândia é que um grupo de empresários, juntamente com a Secretaria de Indústria e Comércio, que já vinha desenvolvendo um trabalho de construção do PNMT (Plano Nacional de Municipalização do Turismo) e fóruns de turismo, reuniram-se, em 1999, para discutir e implantar a Fundação Uberlândia Turismo e Eventos, com o nome fantasia de Uberlândia *Convention & Visitors Bureau* (UC&VB), objeto deste estudo.

Desenvolvimento

Histórico dos *Convention & Visitors Bureau*

Iniciado em 1896 por dois empresários norte-americanos de Detroit, que resolveram contratar um vendedor para captar eventos para sua cidade, o primeiro *Convention Bureau* do mundo implantou a mentalidade do "*marketing* de um destino". Tal filosofia propunha uma coletividade para comerciantes e empreendedores de uma cidade e estava baseada na percepção do significado econômico do turismo de eventos e dos inúmeros benefícios que este pode trazer a uma cidade. Não demorou muito para que várias cidades norte-americanas seguissem Detroit.

Em 1914, foi fundada a IACVB (*International Association of Convention & Visitors Bureau*), que atualmente reúne mais de 450 *bureau* em mais de 30 países, embora existam mais de mil C&VB ao redor do mundo. Nos anos 50 e 60, os *Convention Bureau* passaram a ter papel fundamental na revitalização e desenvolvimento das cidades onde estavam presentes. Em 1970, a palavra *visitor* foi agregada aos mesmos, no sentido de que estes, além da captação de eventos, estavam também interessados em atrair visitantes para suas cidades.

O que são os C&VB e seus objetivos

Os C&VB são organizações privadas, sem fins lucrativos, criados para promover o *marketing* integrado de um destino, que pode ser uma cidade ou área urbana, um Estado ou mesmo um país, visando a torná-lo dinâmico e adequado para atrair visitantes e gerar congressos, convenções, feiras e outros eventos. Podem ser governamentais, ligados às Câmaras de Comércio e departamentos do governo, ou independentes, cuja forma de constituição jurídica pode ser a de uma associação, fundação ou corporação. Esta última é a forma predominante em nosso país.

Os *Bureau* reúnem interesses de seus mantenedores (hotéis, agências de viagem, centros de convenções, restaurantes, transportadoras, operadoras de turismo, organizadoras de eventos, promotores de feiras, *shopping centers*, bancos, cartões de crédito etc.) aliados ao poder público. Seus objetivos são:

- Vender o destino, contemplando o turismo receptivo como meta prioritária, fomentando a adequação e ampliação da infra-estrutura básica;
- Contribuir para desenvolver acessos e meios de transporte que facilitem a implantação de novos empreendimentos turísticos;
- Constituir-se numa central de informações da cidade em âmbito nacional e internacional;
- Servir de elo entre a iniciativa privada e o poder público, como uma entidade neutra e supra-partidária;
- Servir de consultor para novos equipamentos turísticos (hotéis, centros de convenções, parques temáticos etc.) e investimentos de infra-estrutura receptiva;
- Ser o instrumento oficial do destino para captar eventos adequados ao seu perfil e infra-estrutura receptiva;
- Agir como intermediário não remunerado entre os clientes em potencial e os fornecedores de serviços, especialmente organizadores de eventos e feiras;
- Funcionar como agência de publicidade do destino, divulgando notícias e veiculando anúncios para vendê-los junto à mídia nacional e internacional;
- Ser o promotor oficial do destino, criando estratégias de *marketing* integrado junto aos mercados-alvo;
- Estabelecer contatos oficiais com autoridades e empresas, no próprio país e no exterior, para promoção do seu destino e fornecimento de material promocional;
- Desenvolver programa de informações estatísticas econômicas do setor;
- Conscientizar as lideranças empresariais sobre a importância de um trabalho conjunto, por meio de reuniões, debates e trocas de idéias, para conseguir empreender um *marketing* integrado de todos os setores ligados a eventos e turismo;
- Assegurar a continuidade de projetos e propostas para seu destino;
- Servir de agente catalizador de desenvolvimento urbano e econômico da cidade e da região.

Fontes de receitas dos C&VB

Embora a maioria dos *Bureau* seja de caráter privado, a sua grande maioria tem sua forte fonte de receita canalizada nos recursos do poder público, beneficiário de sua atuação, pelos empregos que cria e arrecadação de impostos que gera para os cofres municipais. Os recursos públicos podem constituir-se de parcela de taxas municipais ou estaduais, dotação de verbas para projetos especiais, contrato de prestação de serviços, convênios, entre outros.

Entre as várias taxas municipais, destaca-se em âmbito mundial o *room tax*, uma pequena taxa - em vários países legalizada pelo governo - cobrada do usuário do hotel sobre os seus pernoites. Esta taxa pode variar de uma cidade para outra de 1 a 12% sobre os seus pernoites. A média fica em 5,15%, segundo dados do IACVB. O *room tax* garante operação de mais de 60% dos *Bureau* independentes nos Estados Unidos, podendo ser revertida totalmente para o *Convention & Visitors Bureau* da cidade - de forma a estimular uma maior agressividade na atração de eventos e turistas, assim como a permanência destes na cidade, com programas específicos para essa finalidade - ou também ser utilizada para construção, manutenção e expansão do centro de convenções municipal, bem como para projetos culturais e turísticos da prefeitura local.

Outras fontes de receita são geradas por parcelas em dinheiro, coletadas, mensalmente ou anualmente, de empresas privadas associadas ao *Bureau*; contribuição mensal de profissionais ligados a eventos e turismo, permutas e parcerias com fornecedores de serviços, doações, venda de anúncios nas publicações do *Bureau*, prestações de serviços especiais etc.

O orçamento de um *Bureau*, portanto, deve incluir várias fontes de receita, a fim de garantir sua estabilidade e independência de ação.

O envolvimento da iniciativa privada é fundamental porque, além de sua contribuição financeira, fortalece a posição do *Bureau* no meio empresarial.

A variação do orçamento anual dos *Bureau* possui uma grande amplitude. Segundo a IACVB, esta oscila de US$ 100 mil a US$ 16 milhões.

O Caso de Uberlândia

Situada na região nordeste do Triângulo Mineiro (MG), Uberlândia é a terceira cidade de Minas Gerais em arrecadação de ICMS e oitava do país em tributos federais, segundo dados do Banco Mundial. Com invejável infra-estrutura e qualidade de vida, a cidade é referência como pólo atacadista e de *agrobusiness*. Dentre seus diferenciais competitivos estão a localização estratégica (proximidade com algumas das principais capitais brasileiras), pólo influenciador de uma região na qual estão concentradas 3,5 milhões de pessoas, crescente rede de hotelaria, restaurantes, entretenimento, lazer e similares, avançados sistemas de telecomunicações, facilidades logísticas, disponibilidade de energia hidrelétrica abundante e menores custos de combustíveis, por meio de poliduto.

Uberlândia está entrando em cena no turismo de negócios e eventos, um segmento que, segundo a Embratur, é responsável pela arrecadação anual de milhões no Brasil. Uma das ações feitas neste sentido foi a criação do Uberlândia *Convention & Visitors Bureau*.

O UC&VB foi criado em 1999, com objetivos similares a outros *Bureau* já existentes. Num primeiro momento foram realizadas pesquisas que avaliaram a viabilidade econômica desta fundação. Dividindo a implantação deste em duas fases distintas, uma inicial e outra de consolidação, traçaram-se metas e projeções de arrecadação para cada fase. O dimensionamento do UC&VB propunha um organograma simplificado na primeira fase - composto pelos conselhos curador e diretor, um supervisor geral, secretária, estagiário e mensageiro, e mais elaborado na segunda - onde se adicionarão departamentos de incentivo, financeiro e de eventos.

No orçamento foram contabilizadas, de um lado, as receitas geradas pelas contribuições mensais dos sócios mantenedores mais a arrecadação com o *room tax* e, de outro, as despesas com mão-de-obra, encargos, materiais promocionais e impressos, viagens, serviços públicos, aluguel do espaço físico da sede entre outras. Seguiu-se a esse estudo um plano de trabalho, que propunha um cronograma para que fossem executadas tarefas necessárias ao desenvolvimento do UC&VB por ordem de prioridade. Etapas essas que incluíam desde a documentação para o registro como "Fundação" junto ao Ministério da Fazenda, até as metas de *marketing*, passando pela produção de material publicitário, elaboração de *mailing list*, implantação das instalações, estruturação de trabalhos para captação de eventos, montagem de calendários de eventos e organização de um programa de *Fam Trip* para os jornalistas especializados e para as empresas organizadoras de eventos.

No ano de 2002, o UC&VB, com intenção de ampliar seu projeto, delineou um plano de ação que envolve, a princípio, uma série de estratégias necessárias, entre elas:

- Criação do *site* do *Convention Bureau*, o qual está em construção, em parceria com a Vértice Consultoria e deverá estar divulgando a cidade de Uberlândia, os associados do *Convention Bureau* e intermediar informações essenciais aos *Bureau*, aos produtores e promotores de eventos e ao turista, em geral;
- Apoio aos eventos locais: auxiliar no processo de planejamento, execução e divulgação dos eventos locais e regionais, visando a ampliar a qualidade dos produtos e serviços do setor, bem como proporcionar condições favoráveis e lucrativas aos segmentos do *trade*;
- Foco nos eventos regionais, estaduais e nacionais: há uma preocupação em interagir com os produtores e promotores de eventos nos referidos níveis, estabelecendo uma relação nas visitas aos eventos promovidos em cidades brasileiras e busca na captação de eventos para a cidade de Uberlândia;
- Visitas às entidades e organizadores de eventos: visitas às empresas do *trade* turístico na cidade de Uberlândia a fim de observar as necessidades e crescimento do setor, bem como promover a captação de novos associados e eventos;
- Participação nos principais eventos do segmento, em nível nacional, com o objetivo de contactar os produtores e promotores de eventos e empresários para a captação de eventos para a cidade de Uberlândia. Torna-se necessária a participação em eventos que produzem o intercâmbio da cadeia turística, principalmente nas ofertas de negócios eventos;
- Realização de *fantours*, movimento organizado e custeado pelo *Bureau* e o *trade* da cidade para mostrar Uberlândia aos empresários em geral, produtores e promotores de eventos. Momento em que todos os recursos, potenciais, facilidades e riquezas da cidade são apresentados aos investidores. Tem a duração de 2 a 3 dias;
- Inventário turístico: pesquisas direcionadas para o segmento de turismo, eventos e lazer. Estão sendo efetuadas pesquisas com todos os segmentos diretamente relacionados com o *trade* turístico. No contexto, observa-se dados voltados para produtos e serviços de cada segmento. Com o resultado dessa pesquisa, possibilita ao UC&VB, seus associados e à cidade de Uberlândia uma divulgação e atendimento mais amplo,

abrangente, seguro e rápido, junto ao cliente (turista, promotor, e produtor de eventos etc.);

- Criação e produção de material institucional: em função da mudança da logomarca da instituição, necessitou-se produzir material de divulgação contendo a nova imagem - nessa ação, foram acrescentadas informações atualizadas sobre o UC&VB, seus associados e a cidade de Uberlândia. Dentre os materiais criados estão as pastas, *folders*, panfletos, adesivos, envelopes, *banners*, *outdoors*;
- Criação do *show case* e *CD-rom*: esses instrumentos oportunizam um breve, porém amplo, apanhado de informações e imagens da cidade de Uberlândia, suas potencialidades, órgãos e empresas atuantes na sua construção. Este projeto está em processo de elaboração para a execução;
- Calendário de eventos: com um calendário de eventos bem definido, possibilita aos promotores e participantes de eventos um acesso mais organizado e atuante. Ou seja, diminui a possibilidade de serem produzidos vários eventos idênticos, no mesmo tempo, numa mesma cidade ou região. Outrossim, o turista participante do evento e habitantes da região podem escolher, com antecedência, o evento complementar existente;
- Parcerias com os meios de comunicação: o UC&VB está construindo um universo de parceria com as emissoras de TV, rádios, jornais e revistas da cidade de Uberlândia, vislumbrando o meio de interação e divulgação, aproximando-se de seus públicos-alvo;
- Automação do escritório: outro processo que mobilizou muito esforço, investimentos e parceiros. Tornou todo o processo e definição de resultados ágeis e seguros. Entre os mais importantes, podemos citar a implantação de Internet via cabo, o sistema de controle contábil financeiro e arquivo eletrônico e em pastas;
- Parcerias com educandários: para oportunizar aos estudantes cumprir estágios e auxiliar o UC&VB na construção e desenvolvimento de pesquisas e projetos;
- Ampliação do número de associados: definidos os segmentos e empresas prioritários e de posse de um cadastramento e agendamentos, utiliza-se de estratégias de aproximação e

conhecimento. Principalmente no início, deve-se conduzir a ação junto às empresas que sejam formadoras de opinião e produzam massa crítica do segmento. É um processo constante e intenso, pelo fato de que muitas empresas deixam de ser associadas e tanto outras podem despertar o interesse;

- Eventos de treinamento e formação específica: como atividades paralelas às atividades fins do UC&VB, proporcionam à população a promoção de cursos, palestras, seminários, juntamente com atividades de treinamento e reciclagem da mão-de-obra existente no setor;
- Plano estratégico: esse é um dos principais itens do plano geral do UC&VB para os próximos 5 anos. Com a orientação inicial do Sebrae (Serviço Brasileiro de Apoio às Micro e Pequenas Empresas), membros integrantes das diretorias do *Convention* e a superintendência fizeram alguma reuniões para discutir a sua viabilidade e promoção de recursos. É um plano que deverá ter a filosofia de aplicação de estratégias do *Hoje para o amanhã* em que, sempre que preciso, a atividade seja redefinida para o futuro, mantenha a gestão de mudança, reorganize-se para enfrentar desafios, remodele as ações para competir com mais eficácia no futuro, faça análise do cenário macroeconômico e mercadológico (oportunidades, ameaças e concorrências) e perceba as vantagens e desvantagens competitivas do setor.

Eventos Captados e Apoiados pelo UC&VB para 2002 e 2003

- Tarde de Turismo;
- Novos Enfoques na Produção e Reprodução de Bovinos;
- FENIUB 2002;
- Feira e Exposição Agropecuária CAMARU;
- Congresso Brasileiro de Irrigação e Drenagem;
- III Jornada de Publicidade e Propaganda;
- VII Salão de Veículos, Motores e Autopeças do Triângulo;
- CONFAD – Congresso das Faculdades de Direito;
- Fórum Mineiro de Direito do Trabalho;
- VI *Workshop* de Turismo do Triângulo.

Fórum Brasil dos Conventions & Visitors Bureau

Existem mais de 500 *Conventions Bureau* no mundo hoje. No Brasil, são aproximadamente 35 *Bureau*. O referido fórum tem em seus objetivos a articulação entre os *Bureau* comuns, sob trocas de experiências, apoio aos novos *Conventions* com presença em nível nacional. É uma instituição que pode promover o estudo e lançamento de selos de qualidade.

O UC&VB é associado ao FBC&UB, participação esta que promove resultados positivos em função dos itens descritos anteriormente. Essa parceria produz condições privilegiadas aos associados.

Conclusão

O turismo é uma atividade econômica que depende da promoção dos serviços e produtos turísticos. No entanto, essa ação isolada não tem efeito. Há a necessidade da promoção da destinação turística acoplada à promoção dos produtos e serviços do segmento, da união de órgãos e entidades afins, da participação da comunidade e do poder público. Essa alternativa amplia os fluxos turísticos no município e promove a economia, eleva o nível social de sua população e articula a divulgação da cidade, num contexto de sua gente, seus costumes e culturas, potencialidades, riquezas naturais e empresariais, entre outros.

Essa promoção institucional da destinação é um modelo que necessita da participação de outros organismos de atuação. Por isso, a implantação de uma instituição como o UC&VB pode ampliar a capacidade de promoção da localidade, significando assim menor dispêndio para cada um individualmente. Trata-se, portanto, de um grande processo de parcerias, que se faz com um trabalho persistente e a longo prazo, visando a um objetivo comum: ampliar os fluxos turísticos no município.

Isto posto, há um aumento nas possibilidades de negócios, parcerias entre associados e outras entidades e empresas, melhoras da qualidade no atendimento ao público e relacionamentos comerciais com empresas do mesmo segmento ou não e em outras localidades.

O turismo de negócios é uma atividade de suma importância para o segmento turístico geral e para o desenvolvimento econômico de uma cidade, região ou país. A elaboração de uma política de desenvolvimento turístico tem que levar em conta qualquer nicho de mercado que pode proporcionar os recursos necessários ao nascimento e crescimento de um pólo com desenvolvimento sustentável.

A prestação de serviços a altos executivos torna-se uma área promissora, isto é, um segmento que vem em busca das necessidades dos clientes, pois, atualizando-se em tecnologia e no diferencial do seu produto, que vai de encontro à concorrência, trazendo ao cliente uma vasta variedade de preços.

O turismo de negócios tem grandes chances de tornar-se cada vez mais uma base consistente para a manutenção e desenvolvimento do nível de atividade no turismo brasileiro. O aumento das condições de infra-estrutura nas principais cidades brasileiras proporcionará o afastamento do fantasma da crise.

Pode-se observar que as empresas associadas já percebem as principais vantagens que o UC&VB proporciona aos associados, os quais têm exclusividade na busca de parceiros e fornecedores para a realização de eventos, a divulgação da empresa em vários canais e veículos, projeção do nome da cidade, entre outras variáveis. Apresenta também um cronograma detalhado dos projetos de atividades, pesquisas e eventos com a disponibilização de um sistema de indicadores que podem facilitar a programação de ações e investimentos.

É importante lembrar que o papel e atuação dos *Conventions Bureau* não substituem os órgãos públicos de turismo, não é um terceirizado do maior centro de convenções da localidade, não é o departamento de *marketing* de um *pool* de hotéis, não é concorrente da empresa organizadora de eventos etc. É, pura e simplesmente, a pessoa jurídica condutora de parceria, captação, apoios, realizações e divulgações no ramo de atividade turística.

Contudo, nota-se que o UC&VB está caminhando para tornar-se o grande intermediário na criação, captação e apoio a eventos, inclusive na busca de incentivos fiscais junto ao poder público.

Conclui-se então que o UC&VB deve ser a instituição produtora de uma logística mercadológica e de estudos que agregue um *marketing* positivo para seus empreendedores, à cidade e a sua população, respeitando os valores éticos e construindo um desenvolvimento social, político e econômico diferenciado.

Referências Bibliográficas

1. ANSARAH, M.G.R. *Turismo - Segmentação de Mercado.* São Paulo, Futura, 2000.
2. BENI, M.C. *Análise Estrutural do Turismo*. São Paulo, SENAC.

3. CTI (Consultoria Turística Integrada). *Dimensionamento Econômico do Setor de Eventos no Brasil - Resultados na Cidade de Uberlândia, 2001*.
4. FUNDAÇÃO Uberlândia de Turismo. *Relatório de Andamento das Atividades e Proposta para o Estatuto Social*. Uberlândia, 1999.
5. LAGE, B.H.G.; MILONE, P.C. *Economia do Turismo*. São Paulo, Atlas, 2001.
6. LAGE, B.H.G.; MILONE, P.C. *Turismo - Teoria e Prática*. São Paulo, Atlas.
7. MÜLLER, M.S.; CORNELSEN, J.M. *Normas e Padrões para Teses, Dissertações e Monografias*. Londrina, Didática Manuais, 2001.
8. PETROCCHI, M. *Turismo - Planejamento e Gestão*. São Paulo, Futura, 2001.
9. SILVA, A.M.; PINHEIRO, M.S.F.; FREITAS, N.E. *Guia para Normalização de Trabalhos Tecnocientíficos*. Uberlândia, EDUFU, 2000.

Capítulo 16

Estudo da Demanda do Turismo GLS em Juiz de Fora

Patrícia Ferreira Motta
Rodrigo Fonseca Tadini

Resumo

Atualmente, o turismo GLS tem sido um dos segmentos turísticos em maior expansão no mundo. Eventos no exterior vêm reunindo milhares de pessoas em torno da bandeira do arco-íris (símbolo mundial do orgulho gay) e no Brasil, apesar do inerente preconceito contra os homossexuais, também se verifica uma crescente movimentação deste grupo social que se organiza na defesa de seus direitos. Isso reflete claramente no aumento do número de viagens específicas deste público, em geral caracterizado por serem indivíduos solteiros, sem filhos e pertencentes às classes A e B.

Neste contexto, Juiz de Fora, uma das mais tradicionais cidades do Estado de Minas Gerais, se destaca como pólo nacional de turismo GLS, sediando o maior evento de debates sobre a homossexualidade do país: o Juiz de Fora Rainbow Fest.

Este artigo revela importantes dados sobre a atividade na cidade. É um estudo piloto que traça o perfil do participante do evento e calcula o montante injetado na economia desta cidade de médio porte, fazendo uma análise do potencial segmento em Juiz de Fora, apontando oportunidades de investimento na infra-estrutura turística local.

Palavras-chave: *Turismo GLS; Rainbow Fest; Segmentação de mercado; Investimentos; Turismo de eventos.*

Introdução

O turismo é um dos setores da economia que mais cresce na atualidade.

Com o passar dos anos, o aprimoramento desta atividade revelou novas demandas e, junto a elas, surgiram segmentos turísticos diferenciados com grandes potenciais de expansão. Viu-se então a necessidade do desenvolvimento de estudos e pesquisas que contemplem estes setores emergentes, permitindo conhecer as características do mercado-alvo, bem como suas necessidades e desejos.

Neste contexto de segmentação do mercado turístico, o turismo homossexual (GLS - *Gays*, Lésbicas e Simpatizantes) merece destaque, por constituir um mercado novo, específico e potencial em todo o mundo e ainda pelo grande poder de consumo detectado entre os *gays* e lésbicas.

A existência de grupos e associações homossexuais vem contribuindo bastante para a realização de eventos nessa área, tais como Parada *Gay Freedom*, em San Francisco (EUA), *Gay* e *Lesbian Day*, nos parques de diversão da Disney World em Orlando (EUA), Parada *Gay Pride*, nas principais capitais do mundo e a Parada do Orgulho *Gay* em São Paulo.

Como se sabe, "a cultura é, sem dúvida, a mais forte representatividade de um local para que se possa conquistar uma atividade turística"[4]. No Brasil, há uma infinidade de exemplos culturais que determinam o grande interesse turístico.

A cidade de Juiz de Fora (MG), situada a meio caminho de Belo Horizonte e Rio de Janeiro, vem desenvolvendo esforços, através das associações de empresários e o poder público, no sentido de atrair iniciativas turísticas, notadamente no chamado turismo de negócios. Entretanto, durante a terceira semana do mês de agosto, Juiz de Fora se transforma num dos maiores pólos de atração do turismo GLS do Brasil. Cidade sede, já há 25 anos, do Concurso *Miss* Brasil *Gay*, nos últimos quatro anos vem sediando o maior evento de debates sobre homossexualidade do Brasil: o Juiz de Fora *Rainbow Fest*.

Criado pela organização não governamental MGM (Movimento *Gay* de Minas), o *Rainbow Fest*, em 2001, reuniu lideranças públicas e privadas, além de militantes e defensores dos direitos humanos, em cinco dias de debates, palestras, *workshops*, atividades culturais, atraindo a atenção de toda a mídia nacional e colocando a cidade em destaque. Como parte das atividades do evento, um grupo de estudantes do curso de Turismo da Universidade Federal de Juiz de Fora realizou uma pesquisa descritiva com a finalidade de traçar o perfil do turista que vem à cidade e seu impacto na economia local.

Através de aplicação de questionários aos participantes no encerramento do *Rainbow Fest* e a posterior tabulação e análise dos dados coletados, os estudantes, orientados pelo presidente do MGM, Prof. Oswaldo Braga, conseguiram quantificar o volume de recursos injetados no *trade* turístico da cidade, além de coletar informações sobre o perfil dos visitantes, os meios de comunicação mais eficientes para sua divulgação e os serviços turísticos utilizados por esta população. Como conseqüência destes resultados, foi detectada a necessidade de um aprimoramento de práticas empresariais que aproximariam a organização do evento, a iniciativa privada e o poder público.

O *Rainbow Fest* é um evento multiplicador de negócios pelo seu potencial gerador de demanda turística e conseqüente geração de receita, além de ser um forte recurso para a divulgação da localidade receptora.

Juiz de Fora é uma cidade de médio porte cercada pelas montanhas do tradicional Estado de Minas Gerais que, nesses cinco dias, dá as boas-vindas, abriga a diversidade e manifesta uma surpreendente tolerância à presença e ao comportamento dos homossexuais, o que vem despertando a curiosidade da mídia e do resto do país.

Isso torna os dados coletados um dos mais sérios e importantes levantamentos oficiais a respeito do turismo GLS no Brasil.

Para tanto, no dia 18 de agosto de 2001, data da festa de encerramento do *Rainbow Fest*, foram aplicados questionários com amostragem aleatória simples a 349 pessoas dentre as quase 15.000 presentes* no Parque Halfeld e Calçadão. Utilizando a metodologia de H. Arkin e R. Colton com grau de confiabilidade de 95%, atingimos uma margem de erro de apenas 5% aproximadamente.

DESENVOLVIMENTO

O *Rainbow Fest* é um evento que envolve participantes de todas as idades, não sendo voltado a nenhuma faixa etária em especial.

* Fonte: Polícia Militar e Corpo de Bombeiros.

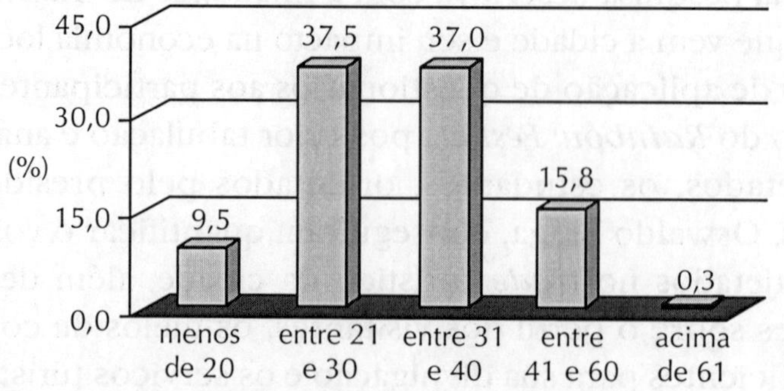

Gráfico 16.1 – Faixa etária do público do *Rainbow Fest*.

Observa-se no Gráfico 16.1 que a maioria dos participantes do *Rainbow Fest* (74,5%) está enquadrada na faixa etária que vai dos 20 aos 40 anos. Isso comprova a veracidade das pesquisas apresentadas pela IGLTA (*International Gay & Lesbian Travel Association*)* sobre o Turismo GLS no mundo: "Eles têm entre 20 e 40 anos de idade e arrumam as malas cinco vezes por ano, gastando 30% a mais que os heterossexuais"**.

Apesar de ser um evento GLS, o *Rainbow Fest* atrai um público homossexual masculino bastante expressivo. Cerca de 82,5% dos entrevistados são do sexo masculino e, entre eles, 70,5% declaram-se homossexuais, conforme o Gráfico 16.2. Isso confirma o depoimento de Newton Cruz e Alexandre Romano, donos das agências de viagem Inter Rainbow e Romano Assessoria Turística, respectivamente, ambas localizadas em São Paulo, que dizem que os turistas homossexuais são predominantemente do sexo masculino, das mais variadas profissões.

O nível de escolaridade do turista participante do evento surpreende. Percebe-se que mais da metade dos entrevistados (52,7%) possui, no mínimo, curso superior, e somente 6,9% possuem apenas o primeiro grau (Gráfico 16.3). São, em geral, indivíduos solteiros, sem filhos e pertencentes às classes A e B".

Com relação ao Estado de residência dos entrevistados, vemos no Gráfico 16.4 que 43,8% vivem em Minas Gerais, 31,2% no Rio de

---

* A *International Gay Travel Association* é uma organização onde se associam agências de viagens do mundo todo, direcionadas ao público *gay*, e conta hoje com mais de 900 membros. É uma entidade sem fins lucrativos e sua sede fica em Key West (EUA). Seu objetivo é informar ao público *gay* e às agências filiadas os lugares que recebem bem a clientela homossexual.

** Fonte: Valor On Line, 10 de setembro de 2000.

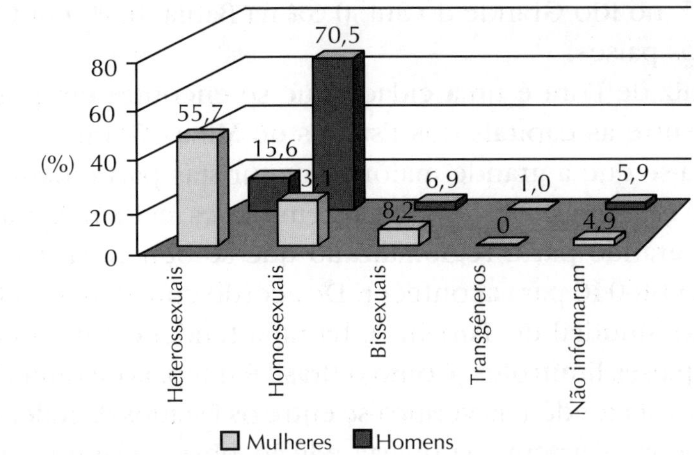

Gráfico 16.2 – Orientação sexual do público do *Rainbow Fest*.

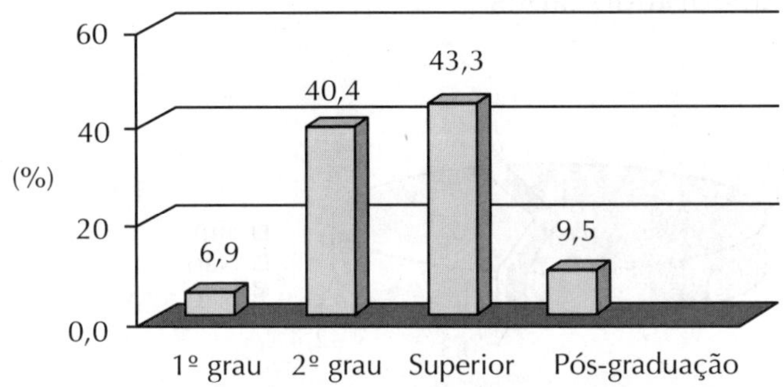

Gráfico 16.3 – Nível de escolaridade do público do *Rainbow Fest*.

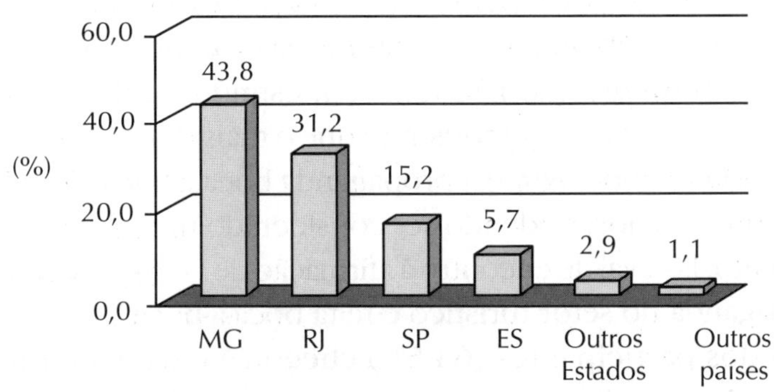

Gráfico 16.4 – Local de residência dos participantes do *Rainbow Fest*.

Janeiro, 15,2% em São Paulo, 5,7% no Espírito Santo, 1% no Distrito Federal, 0,9% no Rio Grande do Sul, 0,6% na Bahia, 0,3% em Goiás, 1% em outros países.

Como Juiz de Fora é uma cidade que se encontra em posição estratégica entre as capitais dos Estados de Minas Gerais e Rio de Janeiro, nota-se que a grande maioria dos turistas participantes do IV *Rainbow Fest* migra destes centros emissores, evidenciando um turismo em grande parte regionalizado que se beneficia das boas condições da BR-040 para acontecer. De acordo com dados da OMT (Organização Mundial de Turismo), há uma tendência mundial de se visitar os países limítrofes. Como o Brasil é um país de dimensões continentais, esta tendência verifica-se entre os Estados da federação.

Apesar de já estar em sua quarta edição, observa-se no Gráfico 16.5 que é grande o número de pessoas que participaram pela primeira vez do evento. Isto se deve ao fato de que, com o passar dos anos, a homossexualidade vem sendo abordada de forma diferenciada, mais aberta, quebrando tabus.

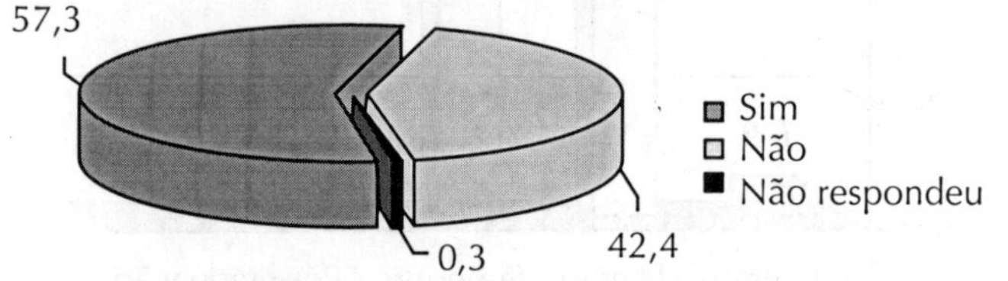

Gráfico 16.5 – Pessoas que participaram pela primeira vez do *Rainbow Fest*.

Sobre a forma como souberam do *Rainbow Fest*, 60% tiveram conhecimento através de amigos, 5,5% através de jornais e revistas, 3,2% pela TV, 2,5% via Internet, 1,6% pelo rádio, 3,6% por vários meios simultaneamente e 23,6% souberam por outras formas (Gráfico 16.6).

Os meios de comunicação não têm se mostrado significativos na divulgação do evento. Dados demonstram que o mais dinâmico veículo de divulgação do *Rainbow Fest* é a propaganda boca-a-boca. Ele é bem superior aos outros meios, podendo ser considerado uma das bases do sucesso do evento. Isso vai de encontro à afirmação de Dóris Ruschmann: "75% da propaganda no setor turístico é feita boca-a-boca".

A maioria dos participantes (64,5%) chegou à cidade de Juiz de Fora na sexta-feira, um dia antes do encerramento do *Rainbow Fest* (Gráfico 16.7).

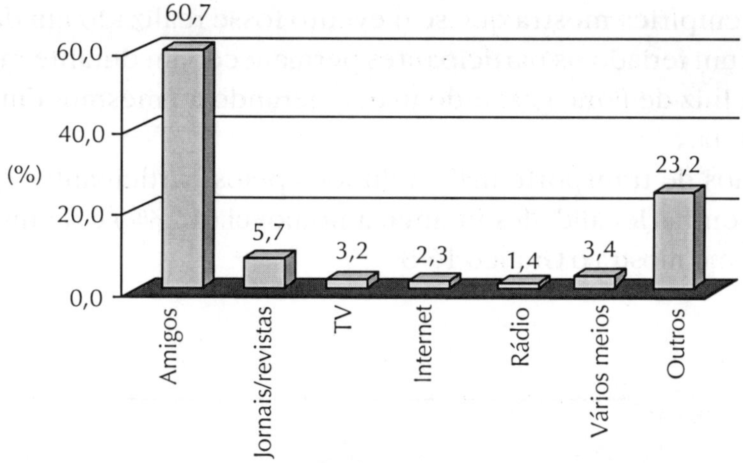

Gráfico 16.6 – De que forma os turistas souberam do *Rainbow Fest.*

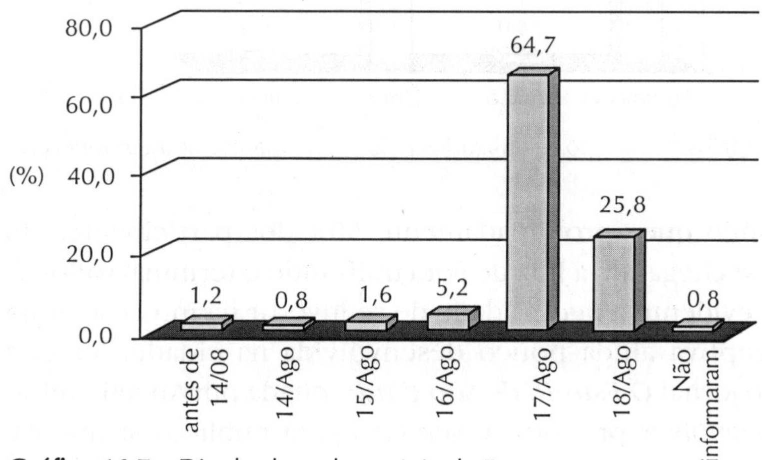

Gráfico 16.7 – Dia de chegada em Juiz de Fora.

Conclui-se que o desfile *Miss* Brasil *Gay*, realizado há 25 anos na cidade, ainda é o grande atrativo da semana. Graças ao sucesso deste evento, a cidade se destaca nas mídias nacional e internacional, como em matéria publicada no *The New York Times*: "Embora os grupos brasileiros de defesa dos direitos dos homossexuais afirmem que a intolerância é maior nas menores cidades, Juiz de Fora, que conta com 500 mil habitantes, promove abertamente o turismo *gay*. O concurso *Miss Gay* já ocorre desde 1977 e atrai milhares de pessoas"*.

* Fonte: *The New York Times,* 4 de julho de 2001.

Sem dados científicos não é possível fazer afirmações, mas a evidência empírica mostra que se o evento fosse realizado em data próxima a um feriado os participantes permaneceriam durante mais tempo em Juiz de Fora, gastando mais e gerando ao mesmo tempo maior receita.

Os meios de transporte mais utilizados pelos participantes que vieram de outras localidades foram o automóvel (43,3%) e o ônibus (49,6%), como mostra o Gráfico 16.8.

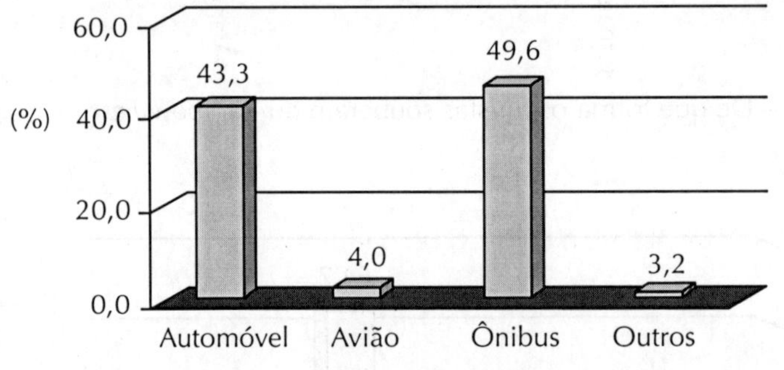

Gráfico 16.8 – Meios de transporte utilizados pelos participantes do *Rainbow Fest*.

Observando que aproximadamente 50% dos participantes do *Rainbow Fest* chegaram a Juiz de Fora utilizando o terminal rodoviário, torna-se evidente a necessidade de se investir na infra-estrutura turístico-receptiva ainda pouco desenvolvida na cidade. Matéria publicada no jornal *O Estado de São Paulo*, citada por Angeli[1], reforça que "desenvolver produtos e serviços para públicos segmentados pode ser garantia de sucesso para empresários que saibam atender as necessidades de seus possíveis clientes. O risco, no entanto, está em investir sem conhecer o que o consumidor quer comprar". Vale ressaltar a dificuldade de se obter dados de desembarque de passageiros na rodoviária e no aeroporto, o que demonstra falta de visão e controle dos gestores de empreendimentos turísticos. Outro problema evidenciado é a ausência de um aeroporto em melhores condições de receber vôos diretos de outras localidades do país, como Belo Horizonte, Salvador, Fortaleza e Porto Alegre, o que poderia fomentar ainda mais o turismo de eventos.

A maior parte dos participantes do *Rainbow Fest* optou por se hospedar nos hotéis da cidade (Gráfico 16.9).

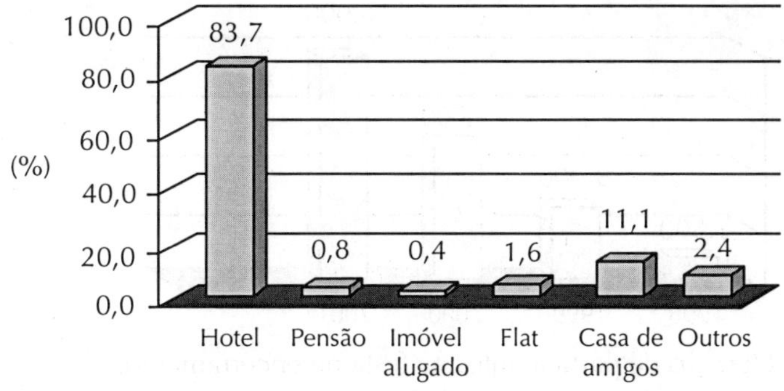

Gráfico 16.9 – Forma de hospedagem dos turistas do *Rainbow Fest*.

Podemos observar que o turismo GLS é um dos grandes sustentáculos da hotelaria juizforana. Durante a realização do *Rainbow Fest*, representantes da rede hoteleira confirmaram: "Com certeza, a semana do *Miss Gay* é a maior responsável pela lotação do nosso hotel", afirmou a gerente de um hotel do centro da cidade.

Ao contrário do que imaginávamos, a taxa de ocupação em alguns hotéis durante o IV *Rainbow Fest* foi superior à do Vestibular 2001 da Universidade Federal de Juiz de Fora (Gráfico 16.10). No entanto, não existe nenhum tipo de apoio ou patrocínio por parte do Sindicato de Hotéis, Restaurantes, Bares e Similares de Juiz de Fora para a organização do evento.

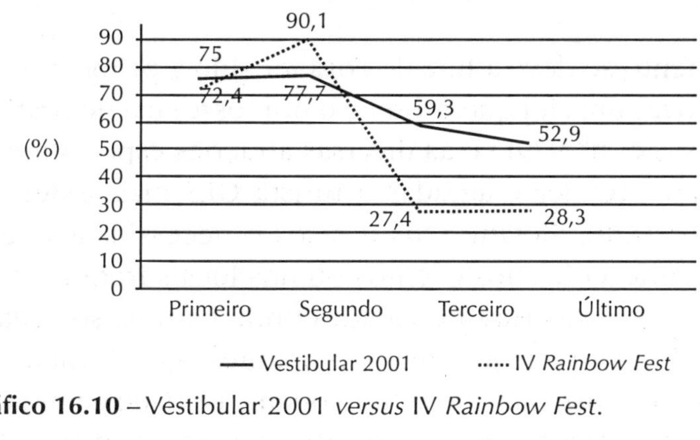

Gráfico 16.10 – Vestibular 2001 *versus* IV *Rainbow Fest*.

A partir dos Gráficos 16.11 e 16.12, podemos perceber um crescimento anual do número de turistas que participaram do *Rainbow Fest*, usufruindo os serviços hoteleiros.

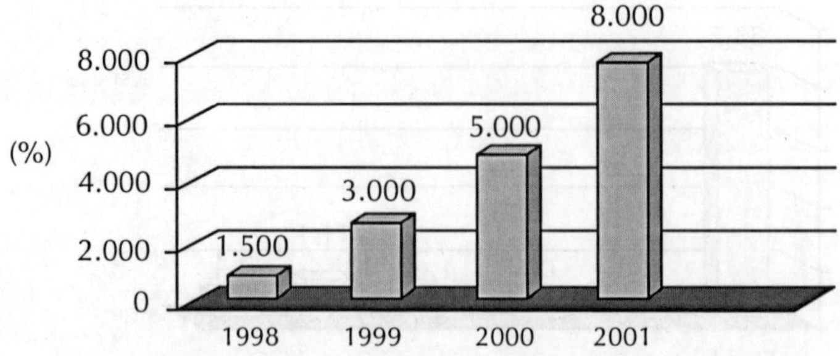

Gráfico 16.11 – Número de participantes na festa de encerramento.

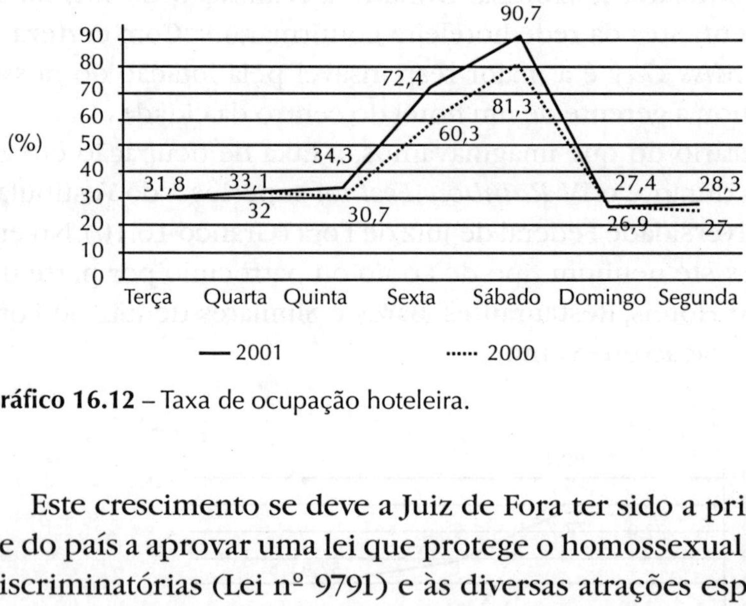

Gráfico 16.12 – Taxa de ocupação hoteleira.

Este crescimento se deve a Juiz de Fora ter sido a primeira cidade do país a aprovar uma lei que protege o homossexual de práticas discriminatórias (Lei nº 9791) e às diversas atrações especialmente programadas para atender e agradar o turista GLS mais exigente. Segundo nos apresenta Stefani[9], "os desejos e necessidades desta demanda são manifestados nos eventos ou nos locais freqüentados pelos mesmos, ou até nas ruas de cidades onde há uma sociedade com menos preconceito que permita suas manifestações". Além das casas noturnas especializadas que já funcionam, a cidade é um grande filão para outros investimentos específicos, como saunas, *cyber* cafés, *sex shops*, *shows*, peças teatrais e lojas voltadas para o público *gay*, bem como agências de receptivo e hotéis GLS (como o *resort* recém-inaugurado na Praia de Lagoinha, no Ceará). "Enquanto se especulava um crescimento de 4% para a economia brasileira no ano de 2001, a Associação dos Empresários *Gays* já fala em faturamento 30% maior para suas empresas. De empresas de turismo a setores segmentados de comércio e serviços, na área econômica, eles acenam com um outro modelo de família e se mostram cada vez mais aceitos e visíveis"*.

Questionados a respeito de sua previsão de gastos durante o evento, 30,2% dos entrevistados planejavam gastar menos de R$100,00, 42,3% entre R$ 101,00 e 300,00, 22,3% entre R$ 301,00 e 1.000,00, 3,6% acima de R$ 1.001,00 e 1,6% não informaram (Gráfico 16.13).

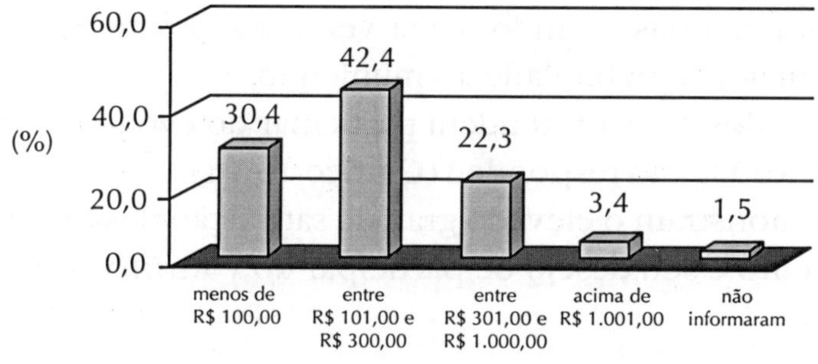

Gráfico 16.13 – Previsão de gastos durante o evento.

Os dados obtidos são de extrema importância, pois revelam de maneira quantitativa o volume de dinheiro injetado pelo turismo GLS na economia juizforana.

Através do cálculo comparativo da previsão de gastos dos entrevistados e levando em conta os dados do Corpo de Bombeiros e da Polícia Civil, em que foi estimada a presença de oito mil pessoas na festa de encerramento do *Rainbow Fest* no Parque Halfeld, constatou-se que o turista GLS trouxe à economia de Juiz de Fora cerca de R$ 1.615.148,00 no final de semana do evento. Esse montante pode ser ainda maior se incluirmos nos cálculos o grande número de moradores da cidade que também participam da festa.

Estas cifras projetam um potencial enorme em termos de entrada de divisas proporcionadas pelo turismo GLS no município de Juiz de Fora. Quando analisamos o baixo investimento que é feito

* Fonte: Revista Veja, 9 de janeiro de 2002.

em mídia para a divulgação dos eventos *Rainbow Fest* e *Miss* Brasil *Gay* (60% dos turistas souberam dos eventos através de informação boca-a-boca), podemos constatar a potencialidade inexplorada dos eventos. Para se ter uma idéia, o turismo homossexual é responsável pela movimentação de US$ 47 bilhões nos EUA, só perdendo para a indústria do lazer e o turismo de negócios*.

Os resultados da pesquisa de Angeli[1] apontam para a importância desse mercado e afirmam que os homossexuais têm buscado cada vez mais sua identificação como grupo social e também como consumidores, cabendo ao empresário manter-se constantemente atualizado sobre o *target* para evitar fracassos.

Desse modo, demonstra-se claramente a necessidade da iniciativa privada, órgãos públicos e organização do evento firmarem sólidas e lucrativas parcerias visando, cada vez mais, à satisfação do turista e a uma maior rentabilidade ao município.

Dos entrevistados, 95% pretendem participar do evento no próximo ano, 4% não e 1% não respondeu (Gráfico 16.14).

Os dados demonstram o elevado grau de satisfação dos entrevistados com o evento e seu desejo de participar do V *Rainbow Fest*.

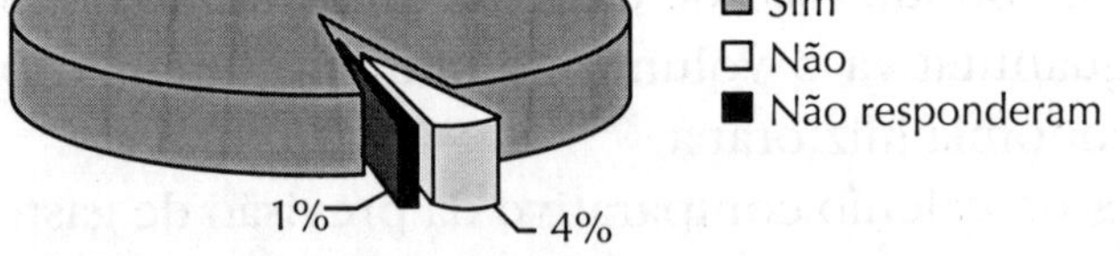

Gráfico 16.14 – Turistas que pretendem participar do V *Rainbow Fest*.

CONCLUSÃO

No decorrer do trabalho, detectou-se a necessidade do desenvolvimento de atividades coordenadas nos diversos setores envolvidos com o turismo juizforano. A criação do Conselho Municipal de Turismo e do Juiz de Fora *Convention & Visitors Bureau* foi o primeiro importante passo para um direcionamento de propostas que inte-

* Fonte: Jornal da Tarde, 24 de junho de 2001.

gram, dentro de uma real política de turismo, o setor público e privado, beneficiando a economia da cidade e principalmente a organização de eventos como o *Rainbow Fest* e o *Miss* Brasil *Gay*.

A construção de novos empreendimentos hoteleiros, do Centro Regional de Convenções e Exposições, do aeroporto Regional de Goianá e a ampliação do aeroporto da Serrinha (todos em andamento) vem complementar a infra-estrutura turística até então deficitária para atender o turista mais exigente. Estas obras fazem com que Juiz de Fora ganhe credibilidade e se destaque como pólo regional do turismo de eventos e negócios.

Levando em conta o volume de recursos injetados pelos visitantes no final de semana do evento e a maior taxa geral de ocupação dos hotéis em 2001, concluiu-se que o turismo GLS é o grande segmento da atividade no município.

O resultado da pesquisa destaca que as características do turista (pertencente às classes A e B, que viaja com maior freqüência) tornam esta atividade extremamente promissora principalmente para uma cidade como Juiz de Fora, que atende bem e respeita a diversidade e o comportamento homossexual.

Entretanto, para que a cidade se consolide ainda mais no segmento do mercado GLS, é imprescindível inovar, investindo em grandes atrações que mantenham por mais tempo este turista famoso pela disposição para gastar dinheiro.

Isso faz de Juiz de Fora um pólo de oportunidades para empreendedores que tencionam investir neste segmento em tamanha expansão.

Referências Bibliográficas

1. ANGELI, E.A. Turismo GLS. *In*: ANSARAH, M.G.R. (Org.). *Turismo Segmentação de Mercado*. São Paulo, Futura, 1999.
2. ANSARAH, M.G.R. *Turismo Segmentação de Mercado.* São Paulo, Futura, 1999.
3. BARRETO, M. *Manual de Iniciação ao Estudo do Turismo.* Campinas, Papirus, 1995.
4. BELTRÃO, O. *Turismo, A Indústria do Século XXI.* Lorena, Stiliano, 1999.
5. JORNAL DA TARDE. São Paulo, junho, 2001.
6. JORNAL TRIBUNA DE MINAS. Juiz de Fora, julho, 2001.
7. JORNAL VALOR ECONÔMICO. São Paulo, novembro, 2001.
8. LINHARES, R.V. *O Turismo de Eventos em Juiz de Fora: Análise do Miss Brasil Gay.* Monografia. Santos Dumont, 2000.
9. STEFANI, F.C. Turismo Pink, A Segmentação do Mercado Turístico. *In*: CORIOLANO, L.N.M.T. (Org.). *Turismo com Ética*. Fortaleza, UECE, 1998.
10. RUSCHMANN, D.V.M. *O Planejamento do Turismo e a Proteção do Meio Ambiente.* Tese de doutorado. São Paulo, 1994.
11. VEJA. São Paulo, abril, 2002.

Parte VI

Desafios e Oportunidades para os Setores de Hotelaria e Cruzeiros Marítimos

Capítulo 17

O Desafio das Mudanças para a Hotelaria: Produtos e Serviços Criando "Experiências"

Simone Villanueva Ramos

Resumo

O presente artigo representa um esforço para contribuir na reflexão sobre a necessidade de mudanças na gestão de empresas hoteleiras. O embasamento teórico deste trabalho repousa sobre o modelo de análise proposto por Pine II et al.*, proposto em sua obra a Economia da Experiência (The Experience Economy), lançado no mercado editorial norte-americano e que buscaremos adaptar para a realidade da indústria hoteleira do Brasil.*

Palavras-chave: *Hotelaria; Turismo; Gestão; Marketing; Estratégia.*

Introdução

Pine II[7] afirma que já não basta ter uma boa estrutura física ou um bom serviço; agora é preciso proporcionar ao cliente uma experiência inesquecível que, além de satisfazê-lo, surpreenda-o e o estimule a repeti-la. Essa nova abordagem, que se adapta perfeitamente aos hotéis, é resultado do desenvolvimento da teoria de *marketing*, cujo grande desafio é a questão de criar bens e serviços que ofereçam valor.

Segundo Lovelock[1], o *marketing* voltado para o valor é "uma orientação para se alcançar objetivos desenvolvendo valor superior para os clientes. É uma extensão da orientação para *marketing* que se apóia em vários princípios e pressupostos sobre os clientes".

Peter *et al.*[3] descrevem seis princípios que tornam possível a "criação de valor". São eles:

- *Princípio do cliente: concentre-se nas atividades de* marketing *que criam e fornecem valor para o cliente.* Esse princípio aborda a necessidade das empresas atuarem com o "foco" no cliente, compreendendo-o, sabendo o que ele (cliente) pensa, o que sente, como compra e utiliza seus produtos e serviços, e quais as maneiras de criar valor para eles.
- *Princípio do concorrente: ofereça um valor superior aos clientes em relação às opções da concorrência.* As empresas devem buscar estratégias competitivas para que possam sobreviver, a longo prazo. Os clientes devem sentir que a empresa está oferecendo produtos ou serviços superiores aos da concorrência.
- *Princípio proativo: mude o ambiente para melhorar as chances de sucesso.* De forma ética, as empresas devem ser proativas e mudar mercados e ambientes para melhorar sua posição competitiva. Elas (as empresas) podem atrair acionistas e investidores para participarem de seus projetos; podem incentivar funcionários a trabalhar com mais empenho ou mais motivados, oferecendo-lhes prêmios, benefícios ou até melhores salários; podem influenciar fornecedores a oferecer produtos de melhor qualidade ou com preços mais baixos. Enfim, existem diversas maneiras de ser proativo.
- *Princípio interfuncional: use equipes interfuncionais quando elas melhorarem a eficiência e a eficácia das atividades de* marketing. As empresas contam com diversos setores ou

grupos funcionais interligados no processo produtivo. O *marketing* não é um grupo isolado, assim como não o são as suas atividades. A utilização de grupos interfuncionais em tarefas como planejamento, implementação e controle aumentam o compromisso de toda a empresa para o sucesso das decisões tomadas pelo grupo.

- *Princípio da melhoria contínua: melhore continuamente o planejamento, a implementação e o controle de* marketing. As empresas devem trabalhar continuamente para melhorar suas operações, processos, estratégias, produtos ou serviços.
- *Princípio de* stakeholder*: considere o impacto das atividades de* marketing *sobre outros públicos interessados na organização. Stakeholders* são indivíduos e grupos que também têm interesse nas conseqüências das decisões de *marketing* das organizações e que podem influenciá-la. Incluem proprietários, fornecedores, financiadores, órgãos governamentais, grupos de pressão, funcionários, clientes, concorrentes, comunidades locais e a sociedade em geral.

Desenvolvimento

De olho na evolução do setor de turismo da economia brasileira, desde 1995, a Embratur (Instituto Brasileiro de Turismo) vem realizando ações para incrementar o turismo e para atrair novos investimentos ao Brasil, mediante aplicação de recursos em infra-estrutura básica, qualificação de mão-de-obra, identificação e exploração de novos roteiros. Além disso, tem procurado despertar e incutir, nos municípios com potencial de desenvolvimento turístico, a noção de que seu produto tem valor, desde que bem trabalhado. A busca de recursos para financiar projetos turísticos e eliminar entraves burocráticos também figura entre as ações desenvolvidas pela Embratur nos últimos anos*.

Estimativas da Embratur afirmam que nos próximos três anos o Brasil terá investimentos da ordem de US$ 6 bilhões para o setor hoteleiro e os dados estatísticos informam que, atualmente, existem 300 hotéis em construção, empreendimentos que deverão gerar cerca de 600 mil empregos diretos e indiretos. O aumento dos in-

* Revista *Exame*, edição 735.

vestimentos na hotelaria nacional é resultado da saturação no mercado europeu e os incentivos existentes para o setor o que, por si só, justifica o interesse de grupos estrangeiros investirem no Brasil. Mas há também a afirmação da OMT (Organização Mundial do Turismo) de que o Brasil é um dos países que mais se desenvolveu no setor "turismo" nos últimos anos, alterando sua posição no *ranking* mundial, de 43º lugar em 1995 para 25º em 1999.

A liberação da taxa cambial do dólar afetou todo o segmento turístico brasileiro, resultando no aumento do turismo interno (Iglesias, 1999), fato que, adicionado aos atentados terroristas ao *World Trade Center* em 11 de setembro de 2001, poderá intensificá-lo. Mesmo com o panorama atual de possível crise econômica em diversos países devido, em parte, aos impactos gerados pela primeira guerra do milênio, a Embratur está otimista esperando um aumento no fluxo de turistas provenientes do próprio continente americano, principalmente da América do Sul, amenizando, ao menos um pouco, o impacto do baixo fluxo de turistas no Brasil e aumentando os índices de ocupação dos empreendimentos hoteleiros.

O aumento do turismo doméstico vem em boa hora, já que existe uma preocupação, por parte de algumas entidades do setor, com o crescimento da oferta hoteleira no país, como podemos verificar em artigo publicado pela ABIH (Associação Brasileira da Indústria de Hotéis), que informa que "um levantamento feito pela *Howarth Consulting*, especializada no setor hoteleiro, mostrou que o número de quartos oferecidos na cidade de São Paulo está sendo multiplicado por cinco, no período de 1999 a 2001. Ou seja, o número passará de cinco mil para 25 mil quartos. Esse grande número de investimentos está vindo no momento errado, ou seja, sem o aquecimento esperado da economia, e isto tem preocupado e muito o nosso setor. Mesmo que ainda haja uma demanda reprimida em São Paulo, isto não justifica a oferta que aumentou muito e rapidamente. O resultado disso certamente irá provocar uma guerra entre os hotéis, e por conseqüência refletir na taxa de ocupação que deverá enfraquecer ainda mais seu desempenho. (...) Além do mais a proximidade dos *flats* é outro fator agravante, que deverá aumentar ainda mais os efeitos da crise. Vale observar ainda outro aspecto: os *flats* colocados no mercado há mais de dois anos, em época de crise podiam transformar-se em moradias, mas os novos modelos, que são pequenos e acanhados, inviabilizam este tipo de transação".

Segundo a ABIH, o cenário de crescimento da oferta hoteleira pode ser verificado em outros Estados brasileiros como, por exemplo, o Paraná. A capital do Estado, Curitiba, até o final de 2001 recebeu cerca de 1.600 novos apartamentos, volume que representa um aumento superior a 50% na oferta de apartamentos da categoria entre luxo e turística. Outro exemplo que pode ser citado é o da Bahia, que somente no ano de 1999 teve abertas 16.591 novas unidades habitacionais, com previsão de ter concluída a construção de 3.702 novas unidades habitacionais para o final de 2001. Em Fortaleza, em dezembro de 1999 foram inaugurados dois grandes empreendimentos hoteleiros, totalizando 331 novas unidades habitacionais. As cidades de Fortaleza e Aquiraz (CE) abrigam, ainda, 19 novos projetos hoteleiros entre *flats*, hotéis e *resorts*, com previsão de expansão de 40% na oferta de leitos e de 38,6% na de apartamentos na região. Só em Fortaleza essa expansão promoverá um acréscimo de 31,3% no número de leitos e, em Aquiraz, de 158,6% (2.454 novos leitos).

O crescimento sem precedentes do setor faz com que os empreendimentos hoteleiros necessitem se diferenciar dos concorrentes para sobreviver no mercado. Criar experiências aos clientes é uma alternativa a essa sobrevivência.

O Conceito de "Experiência"

Para o melhor entendimento do que será tratado neste artigo, Pine II *et al.* (2001) afirma que "embora sempre tenha havido experiências, elas são com freqüência consideradas uma forma de serviço ou um detalhe de *marketing*, o que é um equívoco. O certo é que, de fato, quando se contrata um serviço, compra-se um conjunto de atividades intangíveis, enquanto em uma experiência, o cliente paga para passar o tempo desfrutando uma série de eventos memoráveis que a empresa lhe oferece, em troca de obter seu comprometimento pessoal".

Uma das empresas pioneiras nesse conceito foi a Disney, estendendo suas histórias em quadrinhos e desenhos animados para parques onde seus "convidados" mergulham no mundo da fantasia, estando diretamente em contato com Mickey Mouse e outras personagens de seus desenhos e histórias, fazendo com que o "convidado" tenha condições de desenvolver e criar a sua própria história. O primeiro parque criado pelo grupo foi a Disneylândia, em Los

Angeles, Califórnia. Posteriormente, a Disney World, com seus diversos parques temáticos, em Orlando, Flórida, trazendo em seu rastro parques como o da Universal Studios, Sea World e Busch Gardens, este último localizado na cidade de Tampa.

O aumento da concorrência faz com que as empresas tenham necessidade constante de se diferenciar para sobreviver no mercado e manter o posicionamento na mente do consumidor. Essa, sem dúvida, foi uma das necessidades criadas pelo mercado de se criar experiências.

Segundo Valls[9], "o turismo é toda atividade econômica que possibilita um conjunto de experiências pessoais ou grupais que acontecem fora do local habitual de residência ou de trabalho - tanto durante a fase de deslocamento como o uso do tempo livre de ócio ou de negócio no destino. (...) Para desencadear essas experiências é necessário unidades de produção de serviços - as empresas turísticas - capazes de combinar adequadamente elementos tangíveis e intangíveis do negócio". Portanto, o turismo é uma atividade que oferece ao cliente a experiência em sua essência, e a hotelaria, como o autor coloca, é parte da produção de serviços, é uma empresa turística.

O Modelo de Gestão Focado em "Experiências"

Pine II *et al.* (2000) afirma que oferecer uma experiência implica em "comprometer" os clientes em uma série de dimensões, entre as quais duas se destacam: *o grau de participação* e o *grau de relação entre o cliente e o evento*. Para o autor, a atitude é fator preponderante para ocorrer a experiência: "A atitude passiva não envolve o cliente potencial, que age como mero observador. No outro extremo, a participação ativa o transforma em protagonista. Quanto à relação que une o consumidor à experiência, ela pode comprometer somente a sua atenção, ou chegar à sua 'imersão' física ou virtual no desenrolar do evento.

Essas duas dimensões (participação e relação) cruzadas geram os quatro campos da experiência:

- Entretenimento;
- Educação;
- Escapismo;
- Estética.

Os campos são compatíveis e combináveis em encontros pessoais únicos. O tipo de experiência que as pessoas associam ao entretenimento é a que as absorve passivamente, por meio de seus sentidos. (...) Tal como o entretenimento, as experiências de caráter educativo requerem a atenção das pessoas, mas exigem também sua participação ativa. As experiências escapistas, por sua vez, exigem imersão máxima e protagonismo absoluto, como ocorre nos cassinos. (...) Finalmente a experiência estética, o indivíduo mergulha porém não participa: é o que acontece num museu diante de uma paisagem imponente. Seu único objetivo é estar ali".

O desafio para as gestões atuais é conseguir diluir os limites existentes entre esses quatro campos. As experiências mais ricas apresentam um pouco de cada um deles. Para os autores, quando a empresa consegue cruzar os quatro campos, começa a se diferenciar dos concorrentes e as pessoas pensam em passar mais tempo no local desfrutando a experiência.

A melhor maneira para realizar a confluência dos quatro campos, segundo o autor, é adotando-se algum tema para, assim, facilitar a concepção da experiência, o que, de acordo com o autor, pode ser possível para uma empresa se alguns princípios forem respeitados:

- *O tema deve alterar o sentido de realidade do participante*, quer seja sua percepção do ambiente, a imagem que tem de si próprio ou sua localização no tempo. O tema deve fazê-lo sentir-se distanciado de sua realidade diária em todos os sentidos.
- *As coordenadas de tempo, espaço e tema devem integrar-se em um todo realista e coeso*, mesmo quando vislumbrar muitas possibilidades o participante deverá sentir-se em uma atmosfera "realista" quanto ao tema proposto.
- *Ainda que busque reformular a realidade do cliente, deve respeitar o "caráter" da empresa*, o tema proposto não deve parecer falso, para tanto o respeito ao "caráter" da empresa é de suma importância, pois todos da empresa devem estar imbuídos do espírito do tema.
- *Um bom tema deve ser cativante e conciso ao mesmo tempo*. O excesso de detalhes diminui sua efetividade como vetor organizador da experiência. Deve-se deixar condições do participante deixar soltar a sua imaginação.

- *O tema não é missão da empresa nem uma frase de* marketing. É preciso articular sua presença como a da Santíssima Trindade na Bíblia; ela não é mencionada, mas é sentida em cada versículo; a mesma coisa deve acontecer com o tema.

As impressões (lembranças que o cliente leva) devem ser harmônicas com o tema e com os sinais. Para Pine II *et al.* (2000), estão associadas a certas dimensões específicas:

- O tempo: as representações do tema podem ser tradicionais, contemporâneas ou futuristas;
- O espaço: podem ser locais cosmopolitas, domésticos ou no âmbito do trabalho, em interiores ou nos ambientes externos mais exóticos;
- A tecnologia: há as de vanguarda e as artesanais, as naturais e as artificiais;
- A autenticidade: as representações podem ser originais ou, em alguns casos, imitações;
- A sofisticação: os sinais indicam o nível do refinamento ou luxo;
- A escala: o tema pode ser representado como algo grandioso ou simples e pequeno.

Há, também, segundo o autor, a necessidade de envolver os cinco sentidos: tato, olfato, visão e paladar para que a experiência possa perdurar na memória do cliente. Para o autor, quando a experiência está projetada para um indivíduo em especial, não só o satisfaz mas, necessariamente, o transforma e essa transformação é o degrau na progressão do valor econômico que supera a experiência. A experiência deve ser uma estratégia constante no planejamento da empresa, necessitando de alimentação, monitoramento, avaliação e aperfeiçoamento constantes, para poder ser sempre uma ferramenta de diferenciação perante os concorrentes.

A Aplicação do Conceito "Experiência" na Hotelaria

Segundo a OMT, a necessidade primordial de todo ser humano, independente de onde possa se encontrar, é dispor de um lugar para se abrigar, passar a noite, bem como para se alimentar. Já que por definição o turista é aquele que passa pelo menos uma noite no local visitado, diferentemente do excursionista, o alojamento turístico torna-se, então, fundamental para a existência do turismo.

Os hotéis desempenham um papel fundamental no processo de satisfação do consumidor com o produto turístico e com o destino escolhido. As mudanças qualitativas e quantitativas experimentadas pela demanda turística, a capacidade de utilização de novas tecnologias e as exigências impostas pela concorrência estão obrigando as empresas a alterar o conceito de "gestão turística". Segundo Valls[9], a gestão turística "é a que implanta processos, seleciona condutas e os suportes físicos adequados para a prestação de serviços desejada, de acordo com o que a empresa deseja oferecer para satisfazer as necessidades e desejos dos consumidores, com os recursos disponíveis. O sistema de criação de um serviço é alimentado por duas fontes: uma, a criatividade, a capacidade de desenhar antecipadamente todo o sistema de prestação de um serviço a partir da concepção de cada um dos passos da satisfação dos consumidores sem que exista nenhuma disfunção e em permanente continuidade; outra, a ordenação estrutural do sistema de prestação estabelecido. Esta estruturação requer, por sua vez, três componentes: processos, recursos humanos e suportes físicos".

Motivados pelas mudanças ocorridas com a hotelaria no mundo, alguns hotéis brasileiros começaram a alterar conceitos tradicionais. Um desses conceitos, por exemplo, é o arquitetônico. Busca-se, nesse sentido, atualmente, que o hóspede sinta-se em casa, no que concerne à "segurança" do lar, porém de forma atrativa, moderna. Segundo a ABIH, o novo visual das construções apresenta formas limpas, utilizando transparências e poucas paredes, sempre procurando criar ambientes charmosos e elegantes, com estilo; a utilização da água também tem sido um elemento indicado dentro dessa proposta de mudança arquitetônica, com fontes suaves para dar um toque relaxante aos ambientes. Para Wey[11], tais alterações não indicam que a preocupação com a manutenção deixou de ser constante, consideração essa que os arquitetos de hotéis já aprenderam a absorver. Outro ponto que os projetos arquitetônicos devem ter em mente são os espaços, internos e externos, que devem ser limpos e, principalmente, manter sempre a aparência de limpos.

Outra tendência que se pode observar é a inclusão de elementos construtivos regionais. Os hotéis estão segmentando muito mais pelo estilo de vida, fugindo, assim, da impessoalidade imposta por redes internacionais. Para Souza[10], a segmentação pelo estilo de vida e a criação de cenários pertencentes aos temas propostos pelos hotéis é de suma importância para que os hóspedes se sintam envolvidos na experiência proposta pelo tema.

Dentro, ainda, do item arquitetura, segundo Souza, a flexibilidade dos espaços internos também é vital para os empreendimentos. Podemos citar como exemplo salas de leitura que possam se transformar em local para coquetéis, estações de Internet, bar, espaço para música ao vivo, entre outras alternativas; salas de eventos moduláveis em diversos tamanhos.

Para Wey[11], o atendimento deverá ser o mais pessoal e perfeito possível. Nesta nova visão de gestão turística contemporânea, o hotel passa a ter o papel de grande anfitrião, com sutilezas e mimos para seus clientes. Os funcionários devem estar preparados para diversos tipos de serviços, treinados para serem proativos e capazes de resolver pequenos problemas. A criatividade deverá fazer parte da filosofia e da cultura do hotel.

Conclusão

Na economia brasileira, o setor de serviços corresponde a 55% do PIB (Produto Interno Bruto); no mercado nacional de hotelaria e turismo, são responsáveis por 3,5% do PIB (ABIH). Para Peter[3], o setor de serviços cresceu por duas razões: primeiro pelo aumento da demanda dos consumidores e dos compradores organizacionais e, em segundo lugar, pelo fato das novas tecnologias terem tornado os serviços mais acessíveis.

Após os atentados terroristas aos Estados Unidos, no dia 11 de setembro de 2001, a Embratur espera um aumento no fluxo turístico brasileiro. O fato do país ter uma hotelaria preparada para criar novas "experiências" aos turistas pode ser de grande valia nesse momento.

No Brasil, a maior parte dos hotéis preparada para criar "experiências" aos hóspedes são os *resorts*, em sua grande maioria de arquitetura horizontal. Normalmente são construídos em locais exóticos, com apelo ecológico, apresentam decoração ao estilo da região ou temática, privilegiam diversas atividades ao ar livre e agregam cultura e conhecimento ao seu serviço, tais como pintura, artesanato, técnicas de relaxamento. Com esses diferenciais, os *resorts* obtêm uma média de pernoites superior a outros hotéis. Com amplas áreas de recreação, saunas, *spas*, *fitness center*, áreas aquáticas, recreação para todas as idades, atividades culturais e gastronômicas, festas, aulas de dança, teatro, entre inúmeras outras atividades. Alguns oferecem o sistema de "meia pensão" (almoço ou jantar) incluída na diária; outros oferecem o sistema *all inclusive*, uma adaptação do sistema oferecido pelos cruzeiros, onde todas as refeições estão incluídas no valor da diária ou do pacote.

Os *resorts*, dentro da hotelaria, são os que apresentam a melhor condição de agregar os quatro campos propostos por Pine II (2000): entretenimento, educação, estética e escapismo, envolvendo assim os hóspedes em múltiplas dimensões nas quais eles participam e se relacionam. O *entretenimento* e a *educação* ficam por conta da filosofia e cultura da empresa, bem como da gestão do empreendimento e da infra-estrutura oferecida ao hóspede. A *estética* fica por conta da arquitetura, da decoração, da paisagem e localização do empreendimento e o *escapismo* fica por conta do tema, que fará com que a experiência vivida pelo hóspede seja completa ou não.

O grande desafio para a hotelaria nacional, dentro de um panorama de alta concorrência, é deixar de ser "lugar comum" aos olhos dos consumidores, por isso a necessidade de diferenciação do produto (hotel), reforçando seu posicionamento de mercado e obtendo o retorno financeiro desejado.

A criação de estratégias que gerem "experiências" durante a fase do planejamento do empreendimento, ou até mesmo dentro do planejamento estratégico da empresa, pode resultar em mudança favorável ao empreendimento perante seus concorrentes. É sempre bom lembrar que a empresa fica em uma situação mais confortável se as estratégias escolhidas para criar experiências possam ser viabilizadas com os recursos financeiros disponíveis

Mesmo os hotéis de negócio, hotéis históricos, pousadas e outros poderão criar experiências para seus clientes. Basta ter determinação, planejamento e seguir os critérios apontados por Pine II de que, para criar experiência, é necessário oferecer os quatro campos: *entretenimento*, *educação*, *escapismo* e *estética*. Em alguns lugares do mundo podemos observar como esse conceito está sendo aplicado: o *Atlantis Resort & Cassino* tem como tema Atlântida, a "cidade perdida". A arquitetura, a decoração, a recreação, as áreas de lazer, os apartamentos, enfim, cada detalhe do empreendimento foi idealizado para remeter o hóspede a outro tempo. Outro empreendimento é o Hotel Villa Caletas, localizado a 1.150 metros de altura, perto da praia de Jacó na Costa Rica, de arquitetura vitoriana, com museu expondo as artes locais. Todos os detalhes do hotel remetem o hóspede à Era Vitoriana dos anos 1830. Outro exemplo é o *Wentworth Mansion*, localizado na cidade de Charleston, na Carolina do Sul, Estados Unidos, que remete o hóspede a experimentar o refinamento da Era Dourada americana. Todos possuem conforto e facilidades modernas em suas acomodações, mas possuem uma diferença fundamental com seus concorrentes: eles sabem criar um "clima" especial, uma "atmosfera" diferente. Enfim, eles sabem como *criar experiência* para seus hóspedes.

Como descrito acima, fica evidente que "criar experiências" é possível a todos os hotéis brasileiros e não está distante de nenhuma das categorias de hotéis. O modelo apresentado por Pine II *et al.* (2000) é de fácil compreensão e aplicação. Falta agora um pouco de criatividade para colocar o conceito em prática. Esse é o grande desafio.

Referências Bibliografias

1. LOVELOCK, C. *Product Plus: Produto + Serviço = Vantagem Competitiva*. São Paulo, Makron Books, 1995.
2. OMT. *Introdução ao Turismo.* São Paulo, Roca, 2001.
3. PETER, J.P.; CHURCHILL, G. *Marketing Criando Valor para os Clientes*. São Paulo, Saraiva, 2000.
4. PINE II, B.J.; GILMORE, J.H. *The Experience Economy*. São Paulo, HSM Management Book, 2001.
5. PINE II, B.J.; GILMORE, J.H. Wellcome to the Experience Economy. In: *Harvard Business Review*, Julho-Agosto 1998.
6. PINE II, B.J.; GILMORE, J.H. Boston, The Experience Economy. *In: Harvard Business School Press*, 1999.
7. TRIBE, J. *Economia del Ocio y el Turismo*. España, Síntesis, 1999.
8. VALLS, J.F. *Las Claves del Mercado Turístico: Como Competir en el Nuevo Entorno*. Espanha, Deusto, 1996.
9. VALLS, J.F.; SOUZA, G. *Seminário de Benchmarking*. São Paulo, 2001.
10. VALLS, J.F.; WEY, A. Artigo publicado no site da Associação Brasileira da Indústria de Hotéis (ABIH), 2000.
11. www.abih.com.br
12. www.embratur.gov.br

Capítulo 18

Os Efeitos dos Cruzeiros Marítimos

IGOR MACHADO BORGES

Resumo

Atualmente a atividade turística é visada pelas localidades como um setor econômico que pode trazer benefícios e malefícios à população. Dessa maneira, o turismo precisa ser planejado e gerido para poder maximizar os efeitos positivos e minimizar os negativos. Como os destinos brasileiros estão descobrindo o segmento dos cruzeiros marítimos, realizamos o presente estudo para identificar os efeitos que as embarcações de passageiros, que fazem cruzeiros marítimos, causam nas localidades turísticas no litoral brasileiro a partir da década de 1990. O objeto empírico foi centrado nas cidades do Rio de Janeiro e Armação dos Búzios. Verificamos que há aumento de capital na localidade, mas a intensidade do efeito dependerá da atividade em que a economia local está baseada. Detectamos ainda um aumento de arrecadação de impostos pelos governos federal e municipal e percebemos que há aumento da oferta de empregos. Encontramos ainda efeitos ambientais, como possibilidades de vazamento de óleo, problemas ocasionados por organismos nocivos à saúde provenientes da água de lastro e efeitos causados pelo turista, que podem ser positivos ou não. Ainda há o efeito sociocultural, que dependerá da coerência da comunidade e do nível econômico-cultural, para notar a intensidade desses efeitos que identificamos como aumento do ritmo de vida e da pros-

tituição, construção de novas infra-estruturas para receber os navios de passageiros, novos empreendimentos voltados para o turismo e ao lazer.

Palavras-chave: *Turismo; Cruzeiros marítimos; Impactos socioeconômicos e ambientais; Rio de Janeiro e Armação dos Búzios.*

Introdução

Devido à alta competitividade no turismo atual, os destinos turísticos estão procurando novos segmentos para poderem se desenvolver dentro dos princípios do *turismo sustentável*. Neste contexto, a partir do dia 16 de agosto de 1995, o turismo marítimo brasileiro teve a possibilidade de ter um incremento a mais através da liberação da navegação de embarcações com bandeira estrangeira em águas jurisdicionais brasileiras, ou seja, a navegação de cabotagem para os navios de passageiros com bandeira estrangeira.

Assim, o Brasil, com mais de 4.000 milhas náuticas navegáveis e 1.000 milhas do Rio Amazonas, acabou se apresentando como um novo destino turístico para este segmento, uma vez que o Mediterrâneo, Caribe e a Ásia Oriental, que são os principais destinos mundiais, estavam saturados nas altas temporadas. Essa conjunção de fatores contribuiu para que o Brasil se apresentasse como o novo destino de cruzeiros marítimos na América do Sul.

A indústria de cruzeiros marítimos está crescendo de forma vertiginosa. Atualmente, encontram-se cerca de 232 navios de passageiros espalhados pelo mundo, gerando US$ 28 bilhões, crescendo a uma taxa de 8,3% ao ano, e ainda há previsão para construção de mais 50 navios de grande porte. Tal fato acarretará no decréscimo do preço das passagens para o consumidor, incentivando o turismo de massa.

Seguindo a linha de pensamento de Beni[1], podemos localizar os cruzeiros marítimos dentro do SISTUR (Sistema de Turismo) como parte integrante do sub-sistema da oferta e do produto. Desenvolvemos, assim, este trabalho no intuito de identificar quais são os efeitos causados pelo cruzeiro marítimo nas localidades turísticas no litoral brasileiro a partir da década de 1990, utilizando como objeto empírico as localidades do Rio de Janeiro e Armação de Búzios. Buscamos verificar os efeitos causados pela escala de um navio de cruzeiro marítimo, em seus regimes de navegação, nas localidades turísticas do litoral brasileiro, nos âmbitos que são mais afetados, para podermos ajudar os planejadores a tomar as decisões mais corretas.

Os Cruzeiros Marítimos no Sistema Turístico e seus Impactos nas Localidades Turísticas

Através da análise do SISTUR proposta por Beni[1], podemos situar os navios de passageiros dentro de uma localidade turística ao longo da costa brasileira, como um meio de transporte, ou seja, inseridos no sistema de transporte da localidade. Assim, quando estiverem atracados ou fundeados, injetam no território daquela localidade milhares de turistas que, por sua vez, irão causar efeitos ambientais, sociais, culturais e econômicos diferentes daqueles turistas que estarão hospedados no hotel ou em suas casas de veraneio, ou de amigos.

Podemos relacionar os efeitos conforme a seguir:

Efeitos Ambientais

A partir de nossa experiência profissional no setor, entendemos que os efeitos ambientais causados pelas escalas dos navios de passageiros podem ser separados em dois tipos: o efeito causado pela embarcação e o efeito causado pelos turistas. Nessa linha de pensamento, os efeitos ambientais causados pelas embarcações de passageiros serão sempre negativos.

O maior desastre ambiental que pode ser causado por uma embarcação é o vazamento de combustível. Os impactos decorrentes do derramamento de óleos são muito graves para o ecossistema marítimo. No final de fevereiro de 2001, no Rio de Janeiro, o M/S Caronia, da Cunard Lines, detectou um vazamento do seu tanque de combustível através de uma válvula para o tanque de lastro, onde no momento da partida, o navio começou a deslastrar, despejando 50 mil litros de óleo pesado na Baía de Guanabara. No entanto, vale destacar que é raro termos registro de derramamento de óleo proveniente de navios de passageiros na localidade por nós enfocadas. Este tipo de problema é casual, não ocorre com freqüência.

Outro efeito causado pelos navios, que é praticamente irremediável, é a água de lastro*. Conforme circular do Sindicato das Agências de Navegação Marítimas e Atividades Afins do Estado do Rio de Janeiro, estas águas são despejadas nos mares pelo mundo, levando com elas milhares de organismos nocivos à saúde. "Esses organismos podem se estabelecer em novos ambientes quando encontram condições favoráveis e ausência de predadores naturais", "há pelo menos 40 casos de invasão comprovada de organismos estranhos feitas via água de lastro", "no Brasil, os dados referentes a estas invasões são novos, mas sabe-se da ocorrência de espécies invasoras"[4].

Contudo, não podemos medir tal efeito causado diretamente pelos navios de passageiros, uma vez que estes navios não têm freqüência regular como os navios de carga e também não há nenhum estudo ambiental mais aprofundado, voltado para o turismo de cruzeiros marítimos. Recentemente, em Armação dos Búzios, o diretor da colônia de pescadores, Sr. Manoel, descobriu uma larva de um crustáceo que não faz parte do ecossistema local e que foi constatado ser proveniente de água de lastro.

Visando a regulamentar essa questão, a Agência Nacional de Vigilância Sanitária instituiu, através da Resolução Normativa nº 17/2001, a obrigatoriedade da utilização de formulário nas embarcações com informações sobre água de lastro, a fim de monitorar as captações e os descartes que ocorrem no Brasil. Além disso, há também um trabalho da Organização Internacional Marítima que propõe um conjunto de regras para os países participantes desta organização, na qual se inclui o Brasil[4].

Porém, nenhuma localidade, seja grande ou de pequeno porte turístico, que receba navios de passageiros, poderá antever estes acidentes. O que as localidades podem fazer é apenas controlar e prevenir que estes problemas não ocorram.

Já os efeitos causados pelos passageiros podem ser positivos ou negativos. Podemos citar como exemplo o turista que não joga lixo na rua da localidade e acaba, através do efeito demonstração**,

---

* Água captada pelo navio do mar para que seja mantida a estabilidade, sendo usada como contra peso.

** Swabroke[5] afirma que o efeito demonstração é a demonstração de objetos e forma de cultura que o turista faz em relação à população local que acarreta dois efeitos: encoraja a população a adaptar-se ou trabalhar por coisas que lhe faltam e descontentamento da população local.

por educar os moradores a fazer o mesmo ou até mesmo mostrar-lhes que, caso a cidade esteja suja, os turistas não voltam. De negativo podemos apontar a poluição causada pelo turista e até mesmo a depredação de alguns atrativos naturais pelo simples motivo de mau planejamento.

Outro impacto que também não podemos deixar de mencionar é o relacionado com a capacidade de carga do local, uma vez que uma localidade de pequeno porte não suporta ter ao mesmo tempo três mil turistas, oriundos de um único navio. Porém, deixamos para os ambientalistas estudarem o caso, uma vez que não temos como medir a capacidade total de turista que cada localidade pode suportar vindo através do transporte marítimo. Podemos notar que este efeito é combatido de forma simplória, sem um estudo mais detalhado. Damos como exemplo a cidade de Armação dos Búzios, onde sua comunidade afirma que não pode haver mais de três navios ancorados ao mesmo tempo em seu litoral, pois a cidade fica tumultuada, gerando desconforto tanto para os moradores como para os turistas.

Efeitos Econômicos

De todos os efeitos que identificamos, o efeito econômico é o de percepção mais imediata. O aumento de entrada de capital na localidade turística, aumento de empregos, o efeito multiplicador turístico e aumento na arrecadação de impostos pelo governo local são facilmente detectados nas localidades turísticas onde os navios aportam.

Porém, os efeitos desses impactos econômicos irão depender da natureza e da complexidade da economia local em que o navio se encontra. Se o local em que o navio de passageiros se encontra tiver sua economia baseada em serviços, serão notados efeitos diferentes se compararmos à economia de uma local dependente do turismo, ou ainda de economia sustentada pela indústria de manufaturados, ou então concentrada na pecuária e na agricultura.

No caso da cidade do Rio de Janeiro, onde encontramos uma economia bastante diversificada, a escala de um navio não causa um impacto econômico de grande magnitude. Multiplicando os custos médios de cada navio, conforme análise do custeio dos navios atendidos pela Expresso Mercantil Agência Marítima Ltda., pelas 87 escalas de navios que tivemos no Porto do Rio de Janeiro na temporada 2000/2001, divididas em 27 atracações de navios de grande porte em cabotagem*, 17 navios de pequeno porte em longo curso** e 45 embarcações de grande porte em longo curso, conforme estatística do Píer Mauá***, chegaremos ao valor de R$ 5.868.394,37, considerando que os navios ficaram apenas um dia em sua estadia na cidade do Rio de Janeiro.

No dinheiro que a cidade recebe proveniente das escalas dos navios de passageiros, encontraremos os gastos dos turistas que, por visitarem uma localidade por pouco tempo, acabam por restringir seus gastos, separando uma quantia limitada para cada localidade que o navio visita[5]. Não existem estatísticas sobre o valor real que ele gasta, mas podemos estimar que o passageiro irá gastar em média R$ 100 em terra. Multiplicando este valor pelos números de turistas que embarcaram, desembarcaram e ficaram em trânsito, o que soma um total de 91.048 pessoas, sem contar os tripulantes, conforme estatística do Píer Mauá, chegaremos ao número de R$ 9.104.800,00 deixados pelos turistas nos cofres da cidade, na temporada 2000/2001. Porém, estes gastos não irão causar grandes impactos econômicos em uma localidade turística de grande porte como o Rio de Janeiro, que tem sua economia sustentada pela indústria de manufaturados e por diversos outros setores econômicos.

Assim, percebemos que, no Rio de Janeiro, os efeitos econômicos não são muito visíveis e não têm muito peso, apesar de representarem a entrada de um alto volume de divisas estrangeiras.

Já para a localidade de Armação dos Búzios, os efeitos serão de grande proporção se comparados ao Rio de Janeiro. A economia local é baseada na prestação de serviços e é altamente dependente do turismo. Desta maneira, uma escala de um navio de passageiros, seja de grande ou pequeno porte em cabotagem ou não, trará um grande impacto, pois estará injetando na economia local um volume de capital capaz de fazê-la crescer além do seu ritmo normal.

Um navio de grande porte em cabotagem realizando 12 escalas em Armação dos Búzios deixou para a cidade, na última temporada

---

* Cabotagem: para esse estudo adotaremos como definição de navegação de cabotagem uma embarcação que embarque e desembarque os mesmos passageiros dentro da costa brasileira.

** Longo Curso: para esse estudo utilizaremos como definição de navegação de longo curso uma embarcação de passageiros que venha do exterior, escale portos nacionais, utilize somente um para realizar o embarque e desembarque e prossiga para o exterior.

***Empresa arrendatária da Estação Marítima de Passageiros do Rio de Janeiro.

2000/2001, em três meses, um capital total de R$ 174.300,00. Em média, um navio de grande porte em cabotagem gasta R$ 13.406,92, enquanto um navio de pequeno porte em longo curso tem o custo de R$ 12.764,12, conforme análise dos custos da temporada 2000/2001 da Expresso Mercantil Agência Marítima Ltda.

Em Armação de Búzios, há várias estimativas de quanto é gasto pelo turista no local. Entretanto, utilizando o valor estimado pelo Porto Veleiro* de gasto do turista na localidade de US$ 100, multiplicado pelo número de tripulantes e passageiros que circularam pela cidade temporada 00/01, um total de 71.431 pessoas, conforme estatística do Porto Veleiro, chegaremos ao número de US$ 7.143.100,00, gastos na cidade. O Sr. José Wilson, vice-presidente e coordenador de turismo náutico da Associação de Comerciantes de Armação dos Búzios, afirma ainda que os turistas, quando descem dos navios, consomem de tudo pela cidade, desde passeios de escuna, camisetas, bonés, biquínis, lanches rápidos (só não consomem a hospedagem no local, porque já estão hospedados no navio), distribuindo desta maneira todo este dinheiro acima mencionado pela economia local.

Ainda segundo o Sr. José Wilson, este movimento acarreta 300 estabelecimentos comerciais, funcionando como se estivessem em um feriado prolongado quando a cidade fica com aproximadamente 100 mil pessoas.

Desta forma, a cidade de Armação de Búzios, tendo sua economia voltada para a prestação de serviços, dependente do turismo, com esta quantidade de dinheiro lançada em seu mercado, percebemos um incremento de benefícios que vão desde a oferta de novos empregos para suprir a demanda até o aumento da renda da comunidade local[5].

Através da análise dos custos de navios que a Expresso Mercantil Agência Marítima Ltda. atende no Rio de Janeiro e Armação de Búzios, podemos perceber que, na Cidade Maravilhosa, se multiplicarmos os valores de impostos recolhidos de acordo com a análise dos custos levantados pelo custeio da empresa pelas escalas da temporada 00/01 acima mencionadas no Rio de Janeiro, teremos (considerando um dia de escala para todos os navios) um valor de R$ 443.515,87 de dinheiro recolhido pelos representantes legais dos navios aos cofres dos governos municipal e federal.

* Empresa dona do píer particular em Armação dos Búzios destinado ao trânsito de passageiros e tripulantes.

Porém, quando analisarmos os impostos provenientes das escalas de navios de passageiros com os impostos recolhidos das outras atividades econômicas da economia carioca, podemos notar que, dentro do volume total de arrecadação local, não é uma parcela grande que é capaz de acarretar maiores impactos.

Já em uma localidade de pequeno porte, como Armação de Búzios, quando analisamos seus efeitos econômicos, através do mesmo raciocínio, onde podemos observar que um navio de pequeno porte, em longo curso, pode, em média, recolher um total de R$ 4.083,40 de impostos por dia. Já um navio de grande porte que faz cabotagem pode chegar à média de R$ 1.085,27 de impostos ao dia, o que dará respectivamente 32% e 8% do custo do navio na localidade. Estes impostos são em sua maioria Impostos sobre Serviços e taxa para a Polícia Federal e Marinha do Brasil.

Podemos, então, concluir que os navios de cruzeiros marítimos injetam dinheiro nas localidades turísticas do litoral brasileiro. Este capital, injetado em uma localidade de grande porte, não traz um efeito muito grande, devido ao tipo da economia em que está sustentada, apesar de ser uma quantia expressiva de moeda estrangeira que estará sendo colocada no local. Esses efeitos poderão ser diferentes conforme o tamanho do navio e sua navegação. Já em uma localidade de pequeno porte, esta entrada de capital fará com que a economia fique incrementada e acabe gerando mais emprego, renda à comunidade e aumento significativo de impostos locais, estimulando o desenvolvimento local. Esses benefícios podem ser maximizados se explorados de maneira correta de acordo com a necessidade local.

Todavia, não só de impactos positivos na economia uma localidade turística pode viver. Percebemos em nossos estudos que o Rio de Janeiro, por não sofrer grandes efeitos econômicos positivos, não tem também efeitos negativos. Porém, Armação dos Búzios, por sentir sensivelmente a entrada de capital, terá efeitos negativos. Detectamos naquela localidade que os preços são altos e iguais para os turistas, que têm uma renda alta, e para o morador da periferia, que não tem uma renda média equivalente. Um morador local, quando entrevistado, falou que Armação dos Búzios funciona somente em termos turísticos, pois os preços são iguais para ambos, turistas e nativos, não existindo lojas destinadas à população local. Como vimos, Armação dos Búzios não distingue os moradores, que não têm a mesma renda que o turista, do turista que freqüenta a cidade. Então, a renda do morador, que aumentou com a vinda dos navios, incrementando o turismo local, não fará com que o seu poder aquisitivo cresça na mesma proporção, devido aos produtos locais destinados aos turistas terem preços altos, tornando-se de difícil acesso para à população local de baixa renda. Um exemplo bastante significativo desses efeitos negativos é aquele relacionado ao preços dos imóveis locais.

Efeitos Socioculturais

Percebemos ainda que os cruzeiros marítimos também afetam a localidade onde ocorrem quanto às suas características socioculturais. Estes impactos geralmente acontecem de maneira vagarosa e discreta, sendo invisíveis e intangíveis. Entretanto, a população local tem pouca ou nenhuma oportunidade de reverter as mudanças ocorridas[5].

Contudo, temos de levar em conta que o turista vindo dos navios de passageiros terá um relacionamento superficial com a população local por dois motivos: um pelo pouco tempo que o navio de passageiro fica na localidade e o outro, pelo motivo da grande população local estar afastada dos equipamentos turísticos. Um relacionamento mais profundo acontecerá quando o turista retornar com mais freqüência para a mesma localidade e ao mesmo local de hospedagem[5]. Mas, como os navios passam a ser freqüentes, acabam por acarretar mudanças sociais nas localidades onde aportam.

Caso uma localidade tenha uma escala de navio por bimestre, talvez os efeitos aqui identificados não sejam de grande importância. Mas, a partir do momento em que os navios escalam, durante três meses, uma localidade turística cerca de 87 vezes, como no Rio de Janeiro, e 50 vezes como em Armação dos Búzios, tendem a causar grandes impactos na vida da população local.

Há alguns fatores que determinam os resultados dos impactos, conforme Swarbrooke diz:

- A força da coerência da comunidade e cultura local;
- O grau de desenvolvimento econômico e social da população local em relação aos turistas.

Caso a cultura local não seja de importância para a cidade e para a comunidade local que, por sua maioria, se dispõe a fazer de tudo para receber o turista, colocando seus interesses acima dos costumes e vida local, pode acontecer de os turistas terem uma cultura com maior coerência, de modo a impor, de maneira imperceptível, a sua cultura sobre a da comunidade. Mas caso a comunidade seja mais unida e lute para manter a cultura local, e essa seja importante para a cidade, ou seja mais forte, este turista não irá modificar em nada a sociedade local.

Desta maneira identificamos que, em uma cidade de grande porte como o Rio de Janeiro, os 1.046 turistas, em média, que estiveram em 87 escalas na cidade maravilhosa por meio de navios em cruzeiros marítimos, não causaram nenhum impacto relativo ao ritmo de vida da população local em geral. Somente para aquela parcela que está diretamente ligada ao trabalho com navio de passageiros que irá gerar algum tipo de efeito cultural. Conforme nossa experiência profissional na Expresso Mercantil Agência Marítima Ltda., podemos perceber que esta parcela é formada pelos taxistas, guias, agências de turismo receptores, funcionários do Píer Mauá, estivadores, funcionários da agência marítima, comunidade e ambulantes em torno da Estação de Passageiros etc.

Mas em uma localidade de pequeno porte como Armação dos Búzios, 1.428 turistas/escala em média visitando a cidade através de 50 escalas de navio de passageiro, conforme estatística já apresentada, mostrou-nos que o ritmo de vida da cidade fica intenso, de uma maneira mais direta no centro da cidade. E, por ser uma comunidade com uma cultura local de pouca coerência e com uma economia voltada para prestação de serviço dependente de turismo, o centro da cidade irá se modificar para receber estes turistas que, por meio do efeito demonstração, farão com que a comunidade se vista como eles querem, venda o que eles querem e aja da maneira que eles querem, o que irá modificar a cultura. No entanto, a população mais afastada do centro, que não sofre com o ritmo de vida da mesma forma, acaba por sofrer influência indiretamente, através do resto da comunidade que, por alguns trabalharem com o turista e estarem se modificando através do efeito demonstração, influenciam-nos a agir e terem os objetos dos turistas. Estes moradores, por receberem de forma indireta o dinheiro deixado por estes turistas, o que aumenta a renda mais um pouco, não podem comprar estes objetos porque têm preço de acordo com o poder aquisitivo do turista, que é mais alto que o do morador mais afastado com uma renda mais baixa, deixando-os descontentes a ponto de desenvolverem um processo de inferioridade que vira uma imitação dos turistas[5].

Quando um pescador de Armação dos Búzios foi entrevistado, ele disse que, no dia em que o turista de navios de passageiros está na cidade, eles não vão pescar: alugam seus barcos para passear com eles. Isso comprova que a comunidade está procurando aumentar ainda mais sua renda para poder ter os produtos que os turistas têm e que são caros para eles, de forma a modificar a cultura e a economia local.

Outro impacto que modifica a cultura da comunidade local é o aparecimento de novas infra-estruturas para receber os navios de passageiros.

No Rio de Janeiro, como mencionado anteriormente, uma cultura que não depende economicamente desta modalidade de turismo e deste ramo da atividade econômica, não houve nenhuma construção nova de infra-estrutura para receber os navios, apenas o arrendamento da Estação Marítima de passageiros do Rio de Janeiro pelo grupo Píer Mauá.

Contudo, em Armação dos Búzios, houve o melhoramento do píer particular, o Porto Veleiro, que aumentou sua área e oferece novos serviços e produtos. Há ainda um projeto para aperfeiçoamento do píer público para que os navios de passageiros possam utilizar, ou seja, estão modificando as construções e infra-estruturas que lidam diretamente com os navios de passageiros. Essas modificações acabarão por impor à comunidade outras coisas que ela não tinha, que se tornaram necessárias pela presença do navio e dos turistas.

Outro fato que notamos em nosso estudo é a inserção de elementos externos na cultura local, como novos empreendimentos associados ao turismo, orientados para o lazer, prazer e consumo.

Mais uma vez, numa localidade de grande porte como o Rio de Janeiro, não se pode notar nenhum empreendimento novo que tenha surgido diretamente pelas escalas dos navios. Mas em Armação dos Búzios, os cruzeiros marítimos, de forma indireta, acrescentando mais uma quantidade de turistas na cidade, fazem com que novas lojas e restaurantes surjam na área em que o turista circula. Podemos citar como exemplo a implantação de uma filial do restaurante BUZIN e de comida *fast food* MacDonald's. São estabelecimentos que a cultura da comunidade local não era habituada a consumir mas que, pelo fato de os turistas locais precisarem ser supridos, instalaram-se.

Outro efeito sociocultural que notamos foi o aumento da prostituição nas localidades turísticas, sejam de grande ou pequeno porte.

Na localidade de grande porte do Rio de Janeiro, notamos através de relatos das prostitutas que há um aumento no número de mulheres trabalhando na área conhecida como Praça Mauá. As prostitutas desta área relatam que, fora da temporada de navios de passageiros, existem cerca de 50 mulheres trabalhando como prostitutas e, na época de navios de passageiros, esse número chega a cerca de 100 mulheres trabalhando da mesma forma na área da Praça Mauá.

Ainda, as prostitutas da praça Mauá relatam que preferem os navios de passageiros pelo fato de terem mais tripulantes trabalhando e por terem mais dinheiro que um tripulante de navio de carga. Afirmam ainda que podem fazer de 6 a 10 programas em uma noite, podendo conseguir até US$ 600 a US$ 1.000, enquanto na ausência dos navios são feitos de um a dois programas por noite. Porém, o preço de um programa não varia de uma época fora da temporada de navios de passageiros para a temporada. O preço mais alto cobrado pelas garotas de programa é US$ 100 e o menor é US$ 30.

Em sua maioria, as prostitutas não são menores de idade e não são naturais da cidade do Rio de Janeiro. São provenientes de outras cidades como Vitória, Salvador etc.

No entanto, em Armação de Búzios, somente os pescadores que ficam cerca dos navios de passageiros puderam notar este aumento. Eles afirmam não serem mulheres da cidade, mas sim de outros locais. Mas, em sua maioria, são iguais a entrevistadas no Rio de Janeiro: estão à procura de dinheiro.

Muitos pescadores reclamam que este tipo de atividade fere a ideologia da comunidade local e atrapalha o recebimento de turistas, pois estes turistas são casados ou estão com suas famílias.

Contudo, um dado interessante que notamos em nossa pesquisa foi que, em ambas as cidades, as prostitutas sabem a língua inglesa e outras mais. Tudo isso para poderem se comunicar com os tripulantes dos navios.

Conclusão

Como mencionado anteriormente, nosso objetivo foi apenas identificar os efeitos causados pelos navios de passageiros, não fazendo parte a sugestão para maximizar um efeito em detrimento ao outro, ou ainda, sugerindo a implementação deste tipo de segmento na localidade. Nosso objetivo é relacionar o que acontece nas localidades turísticas que o navio aporta para que as comunidades dos lugares estudados ou outros possam optar pela implementação desta modalidade de turismo ou não, analisando sempre seus prós e contras dentro do princípio do *turismo sustentável*.

Assim, pudemos perceber que o turismo marítimo, realizado por embarcações de passageiros de grande e pequeno porte nos regimes de navegação de longo curso e cabotagem, acarreta para uma localidade turística, seja de pequeno ou grande porte, efeitos ambientais, econômicos e socioculturais.

Quanto aos efeitos ambientais, podemos assim relacioná-los: probabilidade de vazamento de óleo, problema com organismos novos no ecossistema proveniente das águas de lastro dos navios de passageiros, problemas decorrentes de capacidade de carga do local, caso não seja previamente planejado, e efeitos causados pelos passageiros como incentivo para não poluírem a cidade, e a degradação e poluição que os turistas dos navios de passageiros podem trazer. Sob o nosso ponto de vista, este efeito deve ser muito bem pensado para que não ocorra o problema, uma vez que estes problemas são reparados após muitos anos de recuperação.

Quanto aos efeitos econômicos, que podem ser percebidos mais rápido, podemos notar que há um aumento de capital que vem através dos custos dos navios na localidade e que nossos objetos empíricos indicaram que, numa localidade de grande porte como Rio de Janeiro, este efeito não será de grande peso para a economia final da cidade, devido a sua economia ser mais sólida e diversificada, nem terá efeitos negativos pelo mesmo motivo. No entanto, uma localidade de pequeno porte como Armação de Búzios irá sentir esta entrada de capital, onde aumentará a renda da população e abrirá mais frente de empregos, porém, causará efeitos negativos, como os preços altos dos bens e serviços para a população local e contribuição para o aumento dos preços dos aluguéis e imóveis na cidade. Em geral, os governos municipais e federais aumentaram suas receitas com o recolhimento dos impostos provenientes dos gastos dos navios de passageiros nas localidades de grande e pequeno porte utilizadas como objetos empíricos.

No campo dos efeitos socioculturais, percebemos que na localidade de grande porte como Rio de Janeiro o ritmo de vida só aumenta na escala dos navios de passageiros, para aqueles que lidam diretamente com o navio, e que não houve construção de nenhuma infra-estrutura ligada diretamente ao navio de passageiros, como também não houve nenhuma introdução de novos empreendimentos na cidade, ligados ao turismo, lazer e consumo com ligação com as embarcações de passageiros, o que não alterou a cultura e a comunidade local. Contudo, em uma localidade de pequeno porte como Armação de Búzios, pudemos notar que o ritmo de vida aumenta do local onde o navio atraca até onde os turistas circulam, e notamos também que não houve nenhuma nova construção de infra-estrutura para receber os navios, mas já há planos o melhoramento do píer público para que os navios possam utilizá-lo. Percebemos também que os navios de passageiros contribuíram para que houvesse implantação de novos empreendimentos de lazer e consumo na cidade. Esses efeitos acabam por modificar a cultura e a comunidade local. Podemos perceber também o aumento da prostituição; entretanto, salientamos que nas localidades estudadas todas as prostitutas não são nativas, nem menores de idade.

Referências Bibliográficas

1. BENI, M.C. *Análise Estrutural do Turismo*. São Paulo, SENAC, 1998.
2. BRASIL. Emenda Constitucional nº 7, de 16 de agosto de 1995. Altera a art. 178 da Constituição Federal e dispõe sobre a adoção de medidas provisórias. *Diário Oficial da União*. Poder Executivo, Brasília, 16 de agosto de 1995.
3. PETROCCHI, M. *Turismo Planejamento e Gestão*. São Paulo, Futura, 2000.
4. SINDARIO. *Circular nº 176/201*. Rio de Janeiro, 16 de julho de 2001. Apresenta anexo Boletim informativo ANVISA.
5. SWARBROOKE, J. *Turismo Sustentável: Conceitos e Impacto Ambiental*. São Paulo, Aleph, 2000.
6. SWARBROOKE, J. *Turismo Sustentável: Meio Ambiente e Economia*. São Paulo, Aleph, 2000.
7. SWARBROOKE, J. *Turismo Sustentável: Setor Público e Cenários Geográficos*. São Paulo, Aleph, 2000.

Impressão e Acabamento
Oesp Gráfica S.A. (Com Filmes Fornecidos Pelo Editor)
Depto. Comercial: Alameda Araguaia, 1.901 - Tamboré - Barueri - SP
Tel. 4195 - 1805 Fax: 4195 - 1384